Der Islamische Staat – Zwischen Terrorismus, Guerilla und Staatlichkeit

Kevin Horbach

Der Islamische Staat – Zwischen Terrorismus, Guerilla und Staatlichkeit

Eine systematisch-kritische Studie zum Forschungsstand

PL ACADEMIC RESEARCH

Bibliografische Information der Deutschen Nationalbibliothek
Die Deutsche Nationalbibliothek verzeichnet diese Publikation
in der Deutschen Nationalbibliografie; detaillierte bibliografische
Daten sind im Internet über http://dnb.d-nb.de abrufbar.

ISBN 978-3-631-69800-6 (Print)
E-ISBN 978-3-631-69801-3 (E-PDF)
E-ISBN 978-3-631-69802-0 (EPUB)
E-ISBN 978-3-631-69803-7 (MOBI)
DOI 10.3726/978-3-631-69801-3

© Peter Lang GmbH
Internationaler Verlag der Wissenschaften
Frankfurt am Main 2016
Alle Rechte vorbehalten.
PL Academic Research ist ein Imprint der Peter Lang GmbH.

Peter Lang – Frankfurt am Main · Bern · Bruxelles · New York ·
Oxford · Warszawa · Wien

Diese Publikation wurde begutachtet.

www.peterlang.com

Der Glaube an eine übernatürliche Quelle des Bösen ist unnötig.
Der Mensch allein ist zu jeder möglichen Art des Bösen fähig.

— JOSEPH CONRAD

Vorwort

In den letzten Jahren sind der sogenannte Islamische Staat (IS) und seine terroristischen Aktivitäten vor allem über die Berichterstattung an meist prominenter Stelle in den Medien Teil unserer alltäglichen politischen Wirklichkeit geworden. Angst und Schrecken, die der IS verbreitet, haben allein dadurch einen Bezug zu Deutschland und Europa, dass eine beachtliche Anzahl von Dschihadisten sich von hier aus dem IS angeschlossen hat. Damit sich die Politik hierzulande mit diesem Akteur wirksam befassen kann, sind angemessene Analysen vonnöten.

Deshalb ist es außerordentlich begrüßenswert, dass Kevin Horbach in seiner wichtigen Studie den überzeugenden Versuch unternimmt, den Forschungsstand zum IS umfassend darzustellen. Er tut dies, indem er eine repräsentative Auswahl von Neuerscheinungen zum Islamischen Staat systematisch-kritisch analysiert. Nicht nur in der tagespolitischen Berichterstattung über diesen brisanten Akteur findet sich eine Vielzahl oftmals widersprüchlicher und nicht ausgereifter Informationen. Auch für die behandelten Studien und Aufsätze gilt, dass das Wissen über den IS „noch begrenzt und eher fragmentarisch" ist, wie Dietrich Jung und Klaus Schlichte in ihrem Aufsatz „Was wissen wir über den IS?" resümiert haben.

Angesichts dieser Defizite zielt der Autor in seiner bereichernden Arbeit darauf ab, „ein besseres Verständnis über die Eigenschaften dieses neuen Akteurs zu erlangen und ein klares, verständliches und vor allem verlässliches Gesamtbild des Akteurs Islamischer Staat nachzuzeichnen". Sein spezifischer Blick besteht darin, dass er den IS im Spannungsfeld von Terrorismus, Guerilla und Staat verortet. Der analytische Mehrwert der Studie besteht darin, dass er die Vielzahl der komplexen Ergebnisse aus der Forschung in vier übersichtliche Kategorien einordnet: Sie betreffen die Ideologie, Organisationsstruktur, Handlungsform und transnationale Vernetzung des Islamischen Staates.

Der Forschung wird oft der Vorwurf gemacht, sie komme zu spät, um brisante Probleme analytisch und auch sprachlich aufzubereiten; die Folge: die Erträge könnten in die Diskussions- und Entscheidungsprozesse nicht mehr rechtzeitig eingehen. Für Kevin Horbachs anregende und weiterführende

Studie gilt dies nicht. Zu ihren Vorzügen gehört es, dass der Autor den IS, den er als Hybrid aus Terror- und Guerillaorganisation versteht, nicht nur in den regionalen und überregionalen Kontexten behandelt. Vielmehr hat er auch die Debatten um geeignete Gegenmaßnahmen im Blick – in der Hoffnung, dass vor allem die zuständigen Entscheider sie hierzulande ernstnehmen.

PD Dr. Bernd W. Kubbig, Prof. Dr. Reinhard Wolf, Frankfurt am Main

Inhaltsverzeichnis

1. Einleitung

Diese Arbeit untersucht systematisch-kritisch die Fachliteratur zum Thema *Islamischer Staat (im Irak und in Syrien)*. Ziel dieser inhaltlichen Analyse des Forschungsstandes ist es, ein besseres Verständnis über die Eigenschaften dieses neuen Akteurs zu erlangen und ein klares, verständliches und vor allem verlässliches Gesamtbild des Islamischen Staates nachzuzeichnen.[1] Die Vollendung eines geordneten Gesamtbildes des Akteurs, welches diesen greifbarer macht, könnte dann als verlässlicher Bezugspunkt für weitere Studien und Analysen dienen.

Die spezifische Forschungsfrage, die dieser Studie zugrunde liegt, lautet, wie der Akteur Islamischer Staat in dem trialen Spannungsfeld zwischen Terrorismus, Guerilla und Staat(-lichkeit)[2] zu verorten ist. Darauf aufbauend folgt auf der praktischen Ebene konsequenterweise die Frage nach der genauen Beschaffenheit dieses Akteurs, das heißt, es wird untersucht, ob es sich um einen neuartigen hybriden Akteur handelt und wenn ja, welche Charakteristika ihm zuzuschreiben sind. Auf der theoretischen Ebene schließt sich dagegen direkt die Frage an, ob und wenn ja, in welcher Form es zu einer Weiterentwicklung des Terrorismus gekommen ist, das heißt, welche Konzepte und Annahmen bisheriger Forschung zeigen sich als bestätigt, welche sich als widerlegt?

Die systematisch-kritische Studie des Forschungsstandes Islamischer Staat hat vor dem Hintergrund des größeren Forschungsrahmens der Terrorismusforschung also ebenso ein weiteres Ziel: Die Analyse der aktuellen Entwicklungen rund um die Thematik Islamischer Staat soll neue Erkenntnisse für die Terrorismusforschung liefern, um eben jene Forschung weiter voranzutreiben. Hierzu wird gleich zu Beginn ein theoretischer, konzeptioneller Rahmen festgelegt sowie eine Definition von Terrorismus gegeben.

---

1   Der Begriff Gesamtbild ist nicht wörtlich, sondern metaphorisch gemeint. Defizite in der Literatur, Aktualität und Veränderungsgeschwindigkeit sowie der komplexe regionale Kontext und die weltweite Vernetzung des IS und seiner Kontrahenten machen ein wortwörtliches, abschließendes Gesamtbild des Akteurs unmöglich.

2   Im Folgenden der Einfachheit halber nur „Staat".

Die systematische und kritische Inhaltsanalyse des Forschungsstandes, angelehnt an die Methodik einer Literaturstudie, wird als am besten geeignetes Mittel zur Beantwortung der Forschungsfrage ausgewählt.[3] Durch diese Methode wird gewährleistet, dass die Thematik möglichst breit erfasst wird und dabei verlässliche Informationen über den Islamischen Staat herausgefiltert werden können. Auf Basis der gesicherten Informationen kann im Anschluss die Verortung des Akteurs im benannten Spannungsfeld erfolgen und die Forschungsfrage beantwortet werden. Als Ergebnis wird zusätzlich zu den inhaltlichen Erkenntnissen über den Akteur und den theoretischen Erkenntnissen für die Terrorismusforschung erarbeitet, welche Literatur sich verlässlich für die weitere Forschung zu dieser Thematik eignet.

Dass ein großes, allgemeines Interesse an weiterer Forschung und an weiteren Erkenntnissen zu dieser Thematik besteht, wird bereits bei einem täglichen Blick in die weltweite Berichterstattung deutlich. Die kaum zu vergleichende Brutalität, mit der der Islamische Staat vorgeht, verbreitet über den Nahen und Mittleren Osten hinaus Angst vor diesem neuen Akteur. Seine zusätzlich rasante territoriale Expansion in den letzten Jahren und Monaten befördert zudem die Befürchtung von Politikern und Wissenschaftlern,[4] dass die ohnehin schon fragilen Staaten in dieser Region (Irak und insbesondere das durch den Bürgerkrieg gezeichnete Syrien) noch weiter destabilisiert und die Bevölkerungen dieser Staaten noch weiterem Leid ausgesetzt werden. Die, durch die Sozialen Medien und das Internet im Allgemeinen ermöglichte, globale Reichweite und Präsenz dieses Akteurs hat zur Folge, dass die Frage nach dem Umgang und nach den notwendigen Reaktionen auf den Islamischen Staat in unzähligen Staaten weltweit seinen Weg auf die politischen Tagesordnungen gefunden hat.

Um einen Einstieg in diese aktuelle Thematik zu ermöglichen, soll in dieser Arbeit, nach der Erstellung des konzeptionellen, theoretischen Rahmens und der Operationalisierung der Studie, zunächst die Entwicklung

---

3   Zwei andere geeignete Methoden, die Feldforschung sowie die Verwendung von Primärquellen, sind allein aus Sicherheitsgründen nicht vertretbar und scheiden damit als indiskutabel aus. Ebenso sind Interviews mit Rückkehrern aus dem Islamischen Staat derzeit noch nicht realisierbar.

4   Aus Gründen der besseren Lesbarkeit wird in dieser Studie nur die männliche Form verwendet. Soweit nicht anders vermerkt, beziehen sich jedoch die Angaben auf Angehörige beider Geschlechter.

des Islamischen Staates kurz chronologisch dargestellt werden – von den Anfängen 1999 bis zur vorerst letzten Entwicklungsstufe, der Ausrufung des Kalifats, am 29. Juni 2014. Erst in einem zweiten, tiefergehenden Schritt folgt dann die systematisch-kritische Inhaltsanalyse des Forschungsstandes, in der der Islamische Staat dann anhand von vier substanziellen Kategorien untersucht wird: Seine *Ideologie, Organisationsstruktur, Handlungsform* und *transnationalen Vernetzung.* Diese vier Kategorien wurden vor dem Hintergrund des benannten Zieles, ein verständliches und verlässliches Gesamtbild nachzuzeichnen und den Akteur im Spannungsfeld zwischen Terrorismus, Guerilla und Staat zu verorten, ausgewählt. Um die derzeitige Flut an Informationen zu dieser Thematik für den Leser in einen geordneten Fluss zu bringen, werden in jeder dieser Kategorien zunächst grundlegende Informationen über den Akteur Islamischer Staat thematisch getrennt, aggregiert und ausgewertet. Da es aber das formulierte Ziel dieser Studie ist, ein geordnetes, abschließendes Gesamtbild und nicht vier separate Teilstücke zu präsentieren, ergeben sich an einigen Stellen selbstverständlich auch thematische Verknüpfungen zu den jeweils anderen Kategorien. Grundsätzlich wurden diese Kategorien einer Untersuchung, der in der Fachliteratur bereits vorhandenen Empfehlungen möglicher Gegenmaßnahmen, vorgezogen, da in dieser Studie zunächst Wissen über den Akteur gesichert sowie der Akteur selbst in das oben benannte Spannungsfeld eingeordnet werden soll. So wird vermieden, voreilig Schlüsse über die ‚richtigen' Reaktionen auf den Akteur und sein Handeln zu ziehen, ohne den Akteur selbst richtig erfasst zu haben. Aufgrund der Brisanz der Thematik wird diese Arbeit aber, nach der Auswertung der empirischen Ergebnisse der systematisch-kritischen Studie, in den Schlussfolgerungen, auf Grundlage des dann erarbeiteten Gesamtbildes, Hypothesen zu einigen notwendigen oder möglichen Gegenmaßnahmen generieren.

Ein weiteres Ziel dieser Studie ist es, wie oben angesprochen, in den vier Kategorien Übereinstimmungen und Kontroversen innerhalb der Fachliteratur aufzudecken. Durch diese kritische Annäherung an den Forschungsstand soll erkannt und geprüft werden, welche Theorien, Fakten und Schlussfolgerungen in den jeweiligen Kategorien nachhaltig und verlässlich und daher für die Einordnung des Akteurs sowie für den größeren Forschungsrahmen von Bedeutung sind. Gleichsam lässt sich erst dadurch, neben einer allgemeinen Bewertung von Stärken und Defiziten der vorliegenden wissenschaftlichen

Literatur zum Islamischen Staat, sortieren, welche thematische Fachliteratur sich für spezifisches Erkenntnisinteresse in den jeweiligen Kategorien eignet; weshalb auch eine kurze Einordnung sowie Einzelbewertung der untersuchten Literatur nach Qualität, Mehrwert und Verwendungszweck im Anhang an diese Studie stehen werden.

1.1 Konzeptioneller Rahmen

Zu Beginn dieser Arbeit soll als erstes der konzeptionelle Rahmen, das theoretische Konstrukt, geschaffen werden, innerhalb dessen sich die anschließende systematisch-kritische Studie bewegen wird. Wie bereits einführend angesprochen, wird diese Arbeit vor dem Hintergrund des größeren Forschungsrahmens der Terrorismusforschung angefertigt, um nicht nur den neuen Akteur im Spannungsfeld zwischen Terrorismus, Guerilla und Staat einzuordnen, sondern gleichzeitig auch zu diesem größeren Forschungsfeld einen Beitrag zu leisten. Die berechtigte Frage, warum bei diesem trialen Spannungsverhältnis vor dem Hintergrund der Terrorismus-, und nicht etwa der Guerilla- oder Staatlichkeitsforschung gearbeitet werden soll, sei dadurch beantwortet, dass das Problem, vor das der Islamische Staat die Welt stellt, in erster Linie ein Terrorismusproblem ist: Der Islamische Staat als zu untersuchender Akteur hat, wie nachfolgende Kapitel zeigen werden, im Terrorismus sowohl seine historischen Wurzeln als auch seine offenkundigsten, gegenwärtigen Ausprägungen.

Daher wird sich diese Arbeit dem Akteur von dieser Seite der Forschung aus nähern und versuchen, ihn und sein Handeln im größeren Rahmen der Terrorismusforschung zu beleuchten. Hierzu wird zunächst der Forschungsstand zum Terrorismus vor dem Islamischen Staat aufgearbeitet, das heißt, theoretische Konzepte, Annahmen und Ergebnisse sowie offene Forschungsfragen zum Terrorismus aufgezeigt, die vor dem Erstarken des Islamischen Staates die Forschung bestimmten. Nach der Auswertung der Fachliteratur zum Islamischen Staat kann so im Anschluss zum einen das Phänomen Islamischer Staat selbst in das breite Feld der Terrorismusforschung eingeordnet werden, zum anderen lässt sich darüber hinaus am Ende dieser Arbeit die Frage beantworten, ob und wenn ja, wie sich Terrorismus verändert hat, das heißt, ob sich bisherige Konzepte und Annahmen bestätigt haben oder aber veränderungsbedürftig sind. Ebenso wird am Ende geprüft, ob bisher offene Forschungsfragen beantwortet werden konnten und auch, ob sich neue Forschungsfragen oder -lücken aufgetan haben.

Dennoch, da zum einen diese Arbeit auch die Begriffe ‚Guerilla' und ‚Staat' im Titel führt und da zum anderen eine Definition von Terrorismus ohne die Abgrenzung zu Guerilla und Staat große Schwierigkeiten mit sich bringt, wird dieses Kapitel später auch diese beiden Begriffe kurz einführen und beleuchten. Darüber hinaus ist es zur Beantwortung der Forschungs-frage, der Verortung des Islamischen Staates zwischen Terrorismus, Gue-rilla und Staat, zwingend erforderlich, alle drei Kategorien theoretisch zu erfassen und voneinander abzugrenzen.

Widmet man sich jedoch zunächst dem Terrorismus und der Terroris-musforschung, offenbart sich sofort ein grundlegendes Problem:

Trotz aller Versuche und Bemühungen in Wissenschaft und Politik ist es über Jahrzehnte nicht gelungen, sich auf eine einheitlich gültige Definition von Terrorismus festzulegen. Geschuldet ist diese Uneinigkeit sowohl der Komplexität als auch der Veränderbarkeit des vielseitigen Phänomens (vgl. Laqueur 2004: 208). Dies ist aber keineswegs einzigartig: auch andere poli-tische Phänomene, wie zum Beispiel Demokratie, unterliegen einem steten Wandel, so dass auch hier keine weltweit einheitliche und allumfassende Definition vorhanden ist (vgl. Laqueur 2004: 346f.). Laqueur (2004: 346ff.) verweist am Ende seiner grundsätzlichen Beleuchtung der Definitionsdebat-te und -entwicklung der Terrorismusforschung scharfsinnig darauf, dass trotz aller Definitionsprobleme bei politischen Phänomenen ein jeder wisse, was zum Beispiel mit Demokratie gemeint ist. Ebenso verhalte es sich mit dem Terrorismus. Terrorismus endgültig zu definieren sei niemals möglich, ihn zu identifizieren dagegen immer (vgl. Laqueur 2004: 354). Trotz bezie-hungsweise gerade wegen der Unmöglichkeit einer endgültigen Definition von Terrorismus kursieren mittlerweile hunderte verschiedene Begriffsbe-stimmungen in der Forschung, welche hier in vollem Umfang abzubilden selbsterklärend nicht möglich ist. Vielmehr soll hier eine Auswahl, die die Breite von Ansätzen in der Terrorismusforschung repräsentieren, vorgestellt werden.

Als erster Ansatz in der Terrorismusforschung ist der historische Definiti-onsversuch zu nennen, in welchem der Terrorismus über seine Entwicklung von der Antike bis in die Neuzeit, dabei aber in jeder Epoche anders, defi-niert wird. Ein zweiter Ansatz ist der Fokus auf den *Neuen Terrorismus*, den religiös-islamistischen Terrorismus der letzten drei Jahrzehnte. Der dritte und hier vorerst letzte vorzustellende Ansatz in der Terrorismusforschung ist der Fokus auf den Terrorismus als Kommunikationsstrategie, welcher sich demnach vor allem durch seine Fähigkeiten der psychologischen Beeinflussung definieren lässt.

Historische Terrorismusforschung

Der historische Ansatz der Terrorismusforschung geht in seinen Definitionen zum Teil zurück bis in die Antike und präsentiert historische Tyrannen- oder Königsmorde sowie im Allgemeinen die Meuchelmorde als ersten erkennbaren Terrorismus (vgl. Gerwehr, Hubbard 2007: 93f.; Rapoport 1984; Stern 2000: 15). Im Laufe der Zeit haben sich dann aber neben Form und Inhalt des Terrorismus auch die Definitionen dessen, was als Terrorismus zu bezeichnen ist, stark gewandelt: Während man in der französischen Revolution Terrorismus als legitimen Teil des Regierens (durch Einschüchtern) definierte, lag der Fokus der Definitionen im Kalten Krieg auf den Stellvertreterkriegen, da sich beide Großmächte gegenseitig beschuldigten, Terroristen zur Schwächung des jeweils anderen auszubilden und in den Stellvertreterkriegen einzusetzen (vgl. Stern 2000: 13). Lars Berger und Florian Weber (2008: 10ff.) plädieren in diesem Ansatz jedoch zurecht dafür, die historischen Definitionsversuche nicht weiter als die Französische Revolution zurückreichen zu lassen, da der Terrorismusbegriff hier erstmals politisch und im Sinne der Einschüchterung des Gegners verwendet wird. Weiter zurückreichende Definitionen würden, so Berger und Weber folgernd, den Blick auf den modernen Terrorismus verfälschen.

Doch auch mit Blick auf den modernen Terrorismus, der „als Sicherheitsproblem moderner Nationalstaaten [...] seit Mitte des 19. Jahrhunderts" (Berger, Weber 2008: 10) existiert, bietet der historische Ansatz große Unterscheidungsmöglichkeiten. Während die Frühzeit des modernen Terrorismus bis Anfang des 20. Jahrhunderts als linker Terrorismus definiert wird, sind in der Zwischenkriegszeit Definitionen von rechtem Terrorismus vorherrschend. Von den 1960ern bis in die 1980er Jahre sind antikoloniale, ethno-nationale und sozial-revolutionäre Definitionen von Terrorismus dominant (vgl. Gerwehr, Hubbard 2007: 94f.; Hirschmann 2011: 260; Laqueur 2001: 154). Zwar wirkt diese Phase auf den ersten

Blick vielseitig hinsichtlich der Beweggründe für Terrorismus, jedoch sind die Definitionsansätze hier insoweit übereinstimmend, als dass Terrorismus in dieser Phase immer „die Waffe der Schwachen war und bei einer relativ geringen Zahl von Todesopfern eine beachtliche propagandistische Wirkung erzielte" (Laqueur 2004: 208).

Jessica Stern (2000: 17) verweist darauf, dass sich der Terrorismus in dieser Phase entscheidend für unser heutiges Verständnis von Terrorismus wandelte: von gezielten zu zufälligen Opfern. Einem weiteren und aus historischer Sicht wohl bedeutendsten Wandel, so Stern weiter, wurde der Terrorismus gegen Ende des 20. Jahrhunderts unterzogen, als sich dieser von bis dato rein säkular-politischen Motiven verabschieden musste und die Zeit des religiösen, heiligen Terrors begann. Diese neue Form des religiös motivierten Terrorismus breitete sich seitdem extrem schnell aus und wurde hinsichtlich der verwendeten Mittel und der Opferwahl zunehmend brutaler und kompromissloser (vgl. Hirschmann 2011: 261ff.; Hoffman 1993; Laqueur 2001: 157; Neumann 2015: 48f.; Stern 2000: 7). Bruce Hoffman (1999) spricht hier von der Entgrenzung der Gewalt durch den religiös legitimierten Terror. Berger und Weber (2008: 20) sowie Gerwehr und Hubbard (2007: 95f.) führen erklärend dazu an, dass die Ideen des Martyriums, der persönlichen Erlösung und der Apokalypse als Charakteristika des heiligen Terrors, diesen von weltlichen, moralischen und normativen Zwängen loslösen und alle terroristischen Handlungen als heiligen Akt rechtfertigen.

Als besonders populär in diesem historischen Definitionsansatz positioniert sich der Vier-Wellen-Erklärungsansatz von David C. Rapoport (2002; 2004), der die bisherigen historischen Definitionen weitestgehend zusammenfasst: Rapoport nimmt die Entwicklungen des modernen Terrorismus seit Mitte des 19. Jahrhunderts als Evolution wahr und teilt diese in vier Generationen beziehungsweise Wellen auf: Die anarchistische Welle von 1880–1920, die anti-koloniale Welle von 1920–1960, die Neue Linke-Welle von 1960–1990 und die religiöse Welle, von 1990 bis heute. Jede Phase, so Rapoports Erklärung, dauere circa eine Generation (30–40 Jahre) an, bevor sie von der nächsten, weiterentwickelten Terrorismusgeneration abgelöst werde, welche wiederum aus den Fehlern seiner Vorgänger gelernt habe und daher anders agiere. Da eine neue Generation des Terrorismus aber nicht losgelöst, sondern aufbauend auf den vorherigen Wellen entstehe, ließen sich, so Rapoports Theorie, durch das Wissen über die vorherigen

Entwicklungsstadien rechtzeitig wirksame Gegenmaßnahmen gegen die neue Generation des Terrorismus entwickeln.[5]

Neuer Terrorismus

Der Neue Terrorismus, welcher im Folgenden vorgestellt werden soll, ist sowohl zeitlich als auch substanziell nahezu deckungsgleich mit der neuesten, gegenwärtigen Generation Rapoports, dem religiösen Terrorismus, und stellt den zweiten großen Ansatz in der heutigen Terrorismusforschung dar. Es ist nicht geklärt, wer diesen Begriff zuerst geprägt hat, dennoch war er bereits zu Beginn der religiösen Welle jedem Terrorismusforscher bekannt (vgl. Laqueur 2004: 213). Auch wenn erst der 11. September 2001 den wohl offensichtlichsten Wendepunkt in der Geschichte des Terrorismus darstellt (vgl. Berger, Weber 2008: 7), so datieren einige Experten, wie Simon und Benjamin (2000; 2002), den Beginn des Neuen Terrorismus bereits ein Jahrzehnt früher auf den Zeitraum der ersten Anschläge al-Qaidas auf das World Trade Center (1993) und die Anschläge der japanischen Aum-Sekte auf die Tokioter U-Bahn (1995). Simon und Benjamin, ebenso wie Laqueur (2004: 313ff.), bescheinigten dem dort erst aufkommenden religiös motivierten Terror bereits damals eine lange Lebensdauer und setzten sich daher für eine bewusste Abgrenzung zum vorherigen, säkularen Terrorismus ein. Das Hervorheben der letzten, religiösen Welle Rapoports als Neuer Terrorismus spiegelt diese Bemühung der Abgrenzung wider. Laqueur (2001: 161ff.; 2004: 2013), als einer der Hauptvertreter dieses Ansatzes, führt hierzu aus, dass der Neue Terrorismus durch Kriminalität, aber vor allem durch Fanatismus und Paranoia geprägt wird, was dazu führt, dass es keine unschuldigen Opfer mehr gibt, wie dies im alten, gezielten Terrorismus der Fall war. Waren unschuldige, zufällige Opfer bei früheren Terroristen noch um jeden Preis zu vermeiden, so sind diese im Neuen Terrorismus

---

5   Weitere Übersichtswerke über die historische Entwicklung des Terrorismus sind die Arbeiten von Alexander (1998) und Whittaker (2012). Eine Einordnung des Terrorismus in die generelle Entwicklung militärischer Konflikte bieten van Crefeld (1991) und Münkler (2002). Mit der neuesten Generation, dem religiösen Terrorismus, beschäftigen sich die Werke von Armstrong (2000), Burke (2003), Juergensmeyer (2003) und Stern (2004).

bewusstes Ziel von Anschlägen. Dies deckt sich mit Sterns oben beschriebenen Beobachtungen.

Der religiöse, Neue Terrorismus, bezieht die Legitimation seiner Gewalt aus einem propagierten kosmischen Endkampf zwischen Gut und Böse, wodurch sich die Gewalt(-bereitschaft), wie vorab bereits beschrieben, als heiliger Akt völlig entgrenzt von weltlichen Zwängen stetig steigert. Berger und Weber (2008: 92ff.) führen hierzu aus, dass wahlloses Töten durch die Vermischung von Terrorismus mit einer religiös-fanatischen Ideologie zu einer individuellen und religiösen Pflicht erhoben wird. Das Denken in absoluten Kategorien, Freund oder Feind, verstärkt überdies die Entgrenzung der Gewalt noch weiter (vgl. Berger 2007: 53f.; Berger, Weber 2008: 20; Gerwehr, Hubbard 2007: 95f.; Stern 2000: 17). Die aus der religiösen Legitimation erhoffte moralische Rechtfertigung, so Frey und Morris (1991) sowie Stern (2000: 19), sei zwar im Ansatz – insbesondere innerhalb der Terrororganisation – möglich, in der Praxis allerdings verschwindend gering, da Terrorismus meist gegen eine Mehrheit verübt wird, welche die gegen sie gerichteten Terrorakte niemals als moralisch gerechtfertigt oder legitimiert anerkennen wird.

Zwar ist der religiöse Neue Terrorismus nicht begrenzt auf die Religion des Islams, dennoch ist dieser in der islamischen Welt besonders präsent. Berger und Weber (2008: 92ff.) führen hierzu aus, dass zwar oft gescheiterte oder schwache Staaten die Keimzellen für den Neuen Terrorismus bilden, dieser aber letztlich nicht nur durch wirtschaftliche und politische Verarmung, sondern durch die kulturelle Globalisierung und die damit verbundene Marginalisierung von Kultur und Religion ausgelöst wird. Diese Marginalisierung ist in der islamischen Welt besonders ausgeprägt. Laqueur (2001: 158ff.) unterstreicht dieses Argument und verweist auf die Benachteiligung eines Großteils der islamischen Welt hinsichtlich des weltweiten Aufschwungs. Der daher in diesem Zusammenhang entstandene radikale politische Islamismus ist zudem, so Laqueur weiter, das Ergebnis des Vakuums nach dem Niedergang anderer politischer Doktrinen Mitte bis Ende des 20. Jahrhunderts. Auch wenn der politische Islamismus keine besseren Antworten auf die Fragen und Probleme der Zeit liefern wird als andere Ideologien, so ist dieser aber „historisch tief verwurzelt [in der] kulturellen Tradition der islamischen Welt und ihrer Lebensweise" (Laqueur 2004: 314), weshalb er noch lange existieren wird. Hirschmann (2011: 262ff.), Hoffman

(1993) und Rapoport (2004) verweisen ebenfalls auf die Dominanz des islamistischen Terrorismus in der religiösen Terrorismusszene. Diese Dominanz erklärt, warum der islamistische Terrorismus am ausführlichsten in der Forschung zum Neuen Terrorismus behandelt wird.

Ziel des islamistischen Terrorismus ist es, die „Modernisierungs- und Entwicklungsprozesse in kulturellen, sozialen und politischen Systemen aufzuhalten beziehungsweise rückgängig zu machen" (Hirschmann 2011: 263) und zu den Wurzeln des Islams zurückzukehren, um den *wahren* Islam wiederherzustellen. Dieses Ziel findet seine religiöse und ideologische Legitimation im Salafismus und im Wahhabismus, ultrakonservativen Strömungen des Islams.[6] Der Dschihad, der Kampf gegen die Ungläubigen, wurde von den ideellen Vätern des gewaltbereiten, politischen Islamismus als geeignetes, gar gebotenes Mittel zur Erreichung dieses Zieles propagiert, weshalb diese Form des Islamismus auch als dschihadistischer Islamismus, beziehungsweise Dschihadismus bezeichnet wird.[7] Als einer der wichtigsten Vordenker für dieses ideologische Fundament heutiger Dschihadisten ist hier Sayyid Qutb (1906–1966) zu nennen (vgl. Hirschmann 2011: 263ff.; Neumann 2015: 47, 51ff.).[8] Doch weder Qutb noch seine Nachfolger entwickelten eine konkrete, ausformulierte Version ihres erklärten Zieles, eines reinen, islamischen Staates. Dieser war immer nur visionäres Endziel aller Bemühungen (vgl. Berger, Weber 2008: 98).

Der islamistische Terrorismus als Hauptbestandteil der Forschung zum Neuen Terrorismus zeichnet sich in seiner Organisationsstruktur durch seine Transnationalität und seine dezentrale und zunehmend virtuelle Netzwerkstruktur aus (vgl. Berger, Weber 2008: 92ff.; Hirschmann 2011: 267ff.). Die oft durcheinander geworfenen Begriffe von islamistischem, transnationalem

---

6 Für Definitionen und Erklärungen zu den Begriffen vergleiche Anm. 34.

7 Der Dschihad gegen ungläubige Nicht-Muslime wurde zwar als wichtiger betrachtet, doch der Dschihad gegen andere Muslime wurde im dschihadistischen Islamismus unter bestimmten Umständen ebenfalls erlaubt, etwa im Bürgerkrieg, da für die Dschihadisten die Muslime, die nicht die eigene Ideologie teilen, genauso Ungläubige sind wie Nicht-Muslime (vgl. Laqueur 2004: 316).

8 „Der Dschihadismus – genauer gesagt: der dschihadistische Salafismus ist, so gesehen, eine Kombination aus Qutbs gewaltbereiter Revolutionstheorie und wahhabistischer Religionsdoktrin." (Neumann 2015: 53) vgl. zudem Anm. 35.

und internationalem Terrorismus werden gelungen von Lars Berger in seiner Dissertation (2007: 57f.) geordnet: Der islamistische Terrorismus ist eine Spielart des transnationalen Terrorismus, der wiederum eine Weiterentwicklung des internationalen Terrorismus ist. Internationaler Terrorismus ist vor allem bezüglich seiner Ziele in einem geografisch begrenzten Raum aktiv, hat aber ein internationales Publikum. Der transnationale Terrorismus hat auch ein internationales Publikum, ist aber nicht mehr einem bestimmten Ort zuzuordnen. Dazu zählt die geografische Verbreitung sowohl der Anhänger als auch der Ideologie.[9]

Zusammenfassend lässt sich für den Neuen Terrorismus festhalten, dass dieser religiös motiviert ist. Der islamistische Terrorismus ist hierin dominant. Er organisiert sich dezentral und transnational. Durch die Bestrebungen der religiösen, ideologischen Legitimation und durch die Sakralisierung des Tötens Andersgläubiger und Andersdenkender kommt es zu einer zunehmenden Entgrenzung von Gewalt, sowohl quantitativ als auch qualitativ. Fanatismus und das Narrativ der Apokalypse, des kosmischen Endkampfes zwischen Gut und Böse, gelten als Charakteristika des Neuen Terrorismus. Die Inkaufnahme und gar bewusste Auswahl vieler zufälliger Opfer ist ein weiteres Identifikationsmerkmal und eine Abgrenzung zum früheren, gegen Einzelziele gerichteten säkular-politischen Terrorismus.[10]

Terrorismus als Kommunikationsstrategie

Als dritter und hier letzter großer Ansatz in der Terrorismusforschung wird nun der Terrorismus als Kommunikationsstrategie zur psychologischen Einschüchterung und Beeinflussung vorgestellt. Dieser Ansatz beruht auf der

---

9   Ähnlich beschreiben Vierecke et al. (2011: 221) den internationalen Terrorismus mit internationalem Aktionsradius und internationalem Publikum bei lokalen Zielen. Beim transnationalen Terrorismus sehen sie, wie Berger, eine Entgrenzung von Aktionsradius und Zielen. Eine ausführliche Erläuterung des Phänomens des transnationalen Terrorismus findet sich bei Behr (2004).

10 Zur Entwicklungsgeschichte des Neuen Terrorismus siehe zudem Berger (2007: 51ff.), zur spezifischen Entwicklungsgeschichte des Islamistischen Terrorismus siehe Neumann (2015: 49ff.). Tiefere Einblicke in den Islamismus und islamischen Fundamentalismus gewähren Ayubi (2002) und Gemein und Redmer (2005). Mit dem bis vor kurzem prominentesten islamistischen Terrornetzwerk Al-Qaida setzt sich Bergen (2001) intensiv auseinander.

einfachen Logik, dass jede Aktion eine Reaktion hervorruft; ihm liegt die Theorie zugrunde, dass Terrorismus bewusst zur Einschüchterung durch physische und psychische Gewalt eingesetzt wird, um das Verhalten anderer zu beeinflussen und dadurch seine strategischen oder politischen Ziele zu erreichen (vgl. Alexander 1989: ix; Berger, Weber 2008: 13; Heywood 2007: 406; Hirschmann 2011: 259f.). Vierecke et al. (2011: 221) formulieren bedeutungsgleich, dass Terrorismus als punktuelle aber systematische Gewalt, neben dem Ziel der physischen Tötung, vor allem das Ziel der größtmöglichen psychischen Wirkung auf Politik und Öffentlichkeit erreichen will und dahingehend kalkulierend handelt. Diese strategisch kalkulierte Wirkungsweise des Terrorismus als Kommunikationsstrategie wurde von Peter Waldmann (2002; 2005) grundlegend analysiert und durch seinen Begriff, das „terroristische Kalkül" (Waldmann 2002: 1), geprägt.

Die Ausführungen zum psychologischen Kommunikationsaspekt von Terrorismus beschäftigen sich weitestgehend mit den Methoden zur Zielerreichung, nicht mit den spezifischen Zielen von Terrorismus selbst. Der Gewalt des Terrorismus folgen dem Ansatz nach immer Reaktionen dreier Gruppen: von Sympathisanten, Opfern sowie potenziellen Opfern (vgl. Berger 2007: 46ff.). Gerwehr und Hubbard (2007: 92) führen argumentativ ergänzend dazu aus, dass Terrorismus immer akteursbezogen agiert: *für* eine Gruppe von Anhängern, *gegen* eine Gruppe von Feinden/Opfern und *zur Beeinflussung* einer dritten, unbeteiligten Zielgruppe. Jessica Stern (2000: 11) fügt den Aspekt der psychologischen Beeinflussung der Opfergruppe durch den Terrorismus hinzu, in der meistens ein Gefühl von Angst und/oder Rache hervorgerufen wird. Im Gegensatz zu Stern hebt Martha Crenshaw (1991) hervor, dass der *Erfolg* von Terrorismus maßgeblich davon abhängt, ob es gelingt, der Anhängerschaft gerecht zu werden. Wenn Terrorismus es nicht schafft, die Gruppe der Sympathisanten dauerhaft psychisch positiv zu beeinflussen und damit zu mobilisieren, scheitert Terrorismus beziehungsweise die ihn verübende Organisation oder Gruppe. Zusammen betrachtet erscheint die Beeinflussung der drei Gruppen nicht als konträr, sondern als komplementäres Bild, welches zusammengefügt unterschiedliche Facetten des terroristischen Kalküls darstellen.

In diesem Ansatz, der sich auf die Kommunikationsstrategie des Terrorismus fokussiert, wird auch über das verhängnisvolle Verhältnis von Terrorismus und Medien diskutiert. Die Medien brauchen spannende

Nachrichten und senden daher zum Teil live Terrorangriffe – wie am 11. September 2001 – rund um die Welt. Dass dies der Kommunikationsstrategie der Terroristen mehr als entgegenkommt, um ihre Botschaft der Angst zu verbreiten, wissen die Medien nur allzu gut, dennoch bleibt ihnen keine Wahl: Sie müssen senden, was passiert. Shurkin (2007: 81ff.) definiert Terrorismus daher als Gewalt, die eine Botschaft sendet, bei der die Medien unfreiwillig zum Sender und Verteiler dieser Botschaft werden. Die meist unzureichenden Informationen über terroristische Angriffe würden durch die Sender selbst mit Spekulationen gefüllt, die die Botschaft der Angst und Panik der Terroristen nur noch verstärken. Berger und Weber (2008: 92ff.) verweisen hierbei zu Recht darauf, dass je gewalttätiger Terrorismus agiert, desto mehr mediale Aufmerksamkeit wird ihm zuteil. Gerwehr und Hubbard (2007: 87ff.) schließen sich dieser Auffassung von Shurkin, Berger und Weber an und ergänzen, dass daher die entscheidende Abgrenzung von Terrorismus gegenüber anderen Gewaltakten immer die bewusste Inszenierung der Gewalt ist. Das Publikum, das in Angst versetzt werden soll, spiele eine zentralere Rolle als die tatsächlichen militärischen Erfolge. Diesem Urteil, der Priorität psychologischer und sozialer Beeinflussung eines Zielpublikums als entscheidendes Merkmal von Terrorismus, schließt sich auch Hoffman (1998) an.[11]

Da dieser Ansatz der Terrorismusforschung die Methoden und Mittel von Terrorismus im Fokus hat, bietet er auch theoretische Gegenmaßnahmen an: Terror als soziale und psychologische Beeinflussung funktioniere im Endeffekt wie eine Werbekampagne, so Gerwehr und Hubbard (2007: 96f.) abschließend. Daher habe Terrorismus auch dieselben Schwachstellen und Angriffspunkte wie Werbekampagnen. Analysen und Auswertungen der psychologischen Wirkung könnten daher Schwachstellen in der Botschaft enttarnen. Dort müssten Gegenmaßnahmen ansetzen, um die ursprüngliche Botschaft zu untergraben sowie die Empfänglichkeit für diese zu terminieren.

Zusammenfassend lässt sich für diesen dritten Ansatz festhalten, dass der Kommunikationsaspekt des Terrorismus und seine Wirkungsweise

---

11 Der Einfluss moderner Kommunikationsmedien auf die Wirkungs- und Handlungsweise von Terrorismus wurde zudem ausführlich untersucht und analysiert von Arquilla und Ronfeldt (2001).

nicht unterschätzt werden sollten. Er stellt die psychologische Wirkung weit über die tatsächlichen militärischen Erfolge und beleuchtet detailliert die unterschiedlichen Zielgruppen von Terrorismus sowie Möglichkeiten zu Gegenmaßnahmen. Aufgrund des rasanten Fortschritts in der Kommunikationstechnologie stellt sich hier abschließend die Frage nach der zukünftigen Entwicklung der Kommunikationsstrategie des Terrorismus und des terroristischen Kalküls.

Abgrenzung von Terrorismus zu Guerilla und Staat

Nach der Vorstellung der drei Ansätze in der Terrorismusforschung, welche zusammen den Großteil der Forschung auf diesem Gebiet abdecken, soll nun die eingangs versprochene Abgrenzung des Terrorismus von Guerilla und Staat erfolgen.

Zunächst soll eine Abgrenzung zwischen dem Staat, der Staatlichkeit und vor allem dem Staatsterror gegenüber Terrorismus und Guerilla, welche beide nicht-staatlich sind, getroffen werden. Als theoretischer Begriff für eine politische Ordnung ist ‚Der Staat' zwar abstrakt, dennoch ist er real existent. Er ist in der Praxis weder gleichzusetzen mit dem Herrscher noch mit den Beherrschten, umfasst aber beide. Der Staat ist der Bezugspunkt legitimer Gewalt in einem begrenzten Raum. Der moderne Staatsbegriff ist heute so eng mit Souveränität verbunden, dass Souveränität als das zentrale Kriterium für Staatlichkeit betrachtet wird. Souveränität ist der den modernen Staat nach innen und außen konstituierende Herrschaftsanspruch und daher unzertrennlich im modernen Staatsverständnis. Nach innen wirkt Souveränität zur Aufrechterhaltung einer inneren Ordnung, nach außen zum Schutz vor äußeren Bedrohungen und zur Wahrung der Unabhängigkeit. Kann dies nicht erfüllt werden, ist nicht von Souveränität und daher nicht von Staatlichkeit zu sprechen.[12]

Völkerrechtlich betrachtet gibt es drei zwingend erforderliche, konstituierende Elemente für einen Staat: Erstens eine permanente Population, zweitens ein definiertes Territorium und drittens, die effektive Kontrolle

---

12 Dies ist nur eine dem Zweck der Abgrenzung dienliche, kurze Zusammenfassung unterschiedlicher moderner Staatlichkeits- und Souveränitätstheorien. Sie beruht auf den Werken von Grimm 1978, Kaufmann 2011 und Schuppert 2003. Zur ausführlicheren Erklärung kann hier vertiefend nachgeschlagen werden.

über Population und Territorium durch eine Regierung (vgl. Malanczuk 1997: 75ff.). Nicht völkerrechtlich, aber oft politisch erforderliche Elemente für einen Staat sind überdies die Fähigkeit mit anderen Staaten Beziehungen aufzunehmen, die Anerkennung durch andere Staaten sowie die Selbstbestimmung. Sie sind völkerrechtlich nicht zwingend erforderlich, werden aber oft als Beweis dafür aufgefasst, dass die ersten drei zwingend erforderlichen, konstituierenden Elemente für einen Staat gegeben sind (vgl. Malanczuk 1997: 79ff.).[13]

Da sowohl Terrorismus als auch Guerilla weder die völkerrechtlichen noch die staatstheoretischen Kriterien erfüllen, sind sie deutlich als nichtstaatliche Organisationsformen von staatlichen Entitäten zu trennen.

Den Staatsterror gilt es als ebenso deutlich vom nicht-staatlichen Terrorismus zu trennen, auch wenn einige Staaten Terrorismus gegen die eigene Bevölkerung einsetzen (vgl. Laqueur 2004: 209; Stern 2000: 14). Die Vermengung von Staatsterror und nicht-staatlichem Terrorismus wird von Terroristen selbst betrieben, um die Trennlinie zwischen diesen beiden Gewaltarten zu verwischen. Laqueur (2004: 352f.), Vierecke et al. (2011: 221) und Berger (2007: 47) verweisen darauf, dass Staaten im Unterschied zu Terroristen ein Gewaltmonopol besitzen und Terror einsetzen, um eine innere Ordnung, ein System aufrechtzuerhalten. Nicht-staatliche Terroristen hingegen nutzen Terror, um eine bestehende Ordnung beziehungsweise ein System zu verändern oder zu stürzen. Dieser drastische Unterschied verbietet daher eine Vermischung der Begrifflichkeiten.

Deutlich schwieriger ist es, eine klare Trennlinie zwischen Terrorismus und Guerilla zu ziehen. Nach Petrakis (1978: 11) ist ein zentraler Unterschied, neben der endlosen Liste an Gemeinsamkeiten zwischen Guerilla und Terrorismus, in der Handlungsweise zu finden. Der Terrorismus wendet sich hauptsächlich gegen Zivilisten und zielt auf ein Maximum an Öffentlichkeit ab, während Guerillas hauptsächlich gegen militärische Ziele

---

13 In Ergänzung zur Völkerrechtslehre von Staatlichkeit ist es interessant zu erwähnen, dass das Völkerrecht den Terrorismus sowie den Kampf gegen diesen, nicht als staatliches, sondern als völkerrechtliches Problem definiert (vgl. Nußberger 2010: 67ff.). Dies steht im klaren Kontrast zur häufigen Wahrnehmung in Medien und Gesellschaft, welche staatliche und nationale Antworten auf Terrorismus erwarten und verlangen.

vorgehen und eher im Geheimen operieren. Terrorismus provoziert daher die Unsicherheit und die Angst, es könnte jeden und zu jeder Zeit treffen, während Guerillas eher am Ziel interessiert sind, tatsächliche militärische Überlegenheit zu gewinnen. Terrorismus sei daher hauptsächlich als politisches, Guerilla hingegen als militärisches Phänomen zu betrachten (vgl. Petrakis 1978: 12). Diese Ansicht deckt sich mit Laqueurs Befund (2004: 346), dass Guerilla-Bewegungen daher, im Gegensatz zu Terrorismus, von der Zivilbevölkerung eher als positiv assoziiert werden. Gleichzeitig widerspricht Laqueur aber (2004: 347), dass Terrorismus nicht nur politische Ziele verfolge, sondern auch ganz bewusst militärische Ziele ins Auge fassen kann. Die lange vorherrschende Auffassung, Terrorismus sei im Gegensatz zu Guerilla immer nur gegen Zivilisten und Nicht-Kombattanten gerichtet, entspreche daher nicht mehr der Realität.[14] Eine strikte Trennung sei, so stimmt Petrakis (1978: 12) zu, nicht möglich, da auch Guerillas Terroranschläge verüben würden, um ebenso wie Terroristen die feindliche Moral zu brechen. Das andersrum Terroristen von Guerilla-Taktiken Gebrauch machen würden, sei, so Laqueur (2004: 353f.), nur äußerst selten.

Militärisch betrachtet sind die angesprochenen Guerilla-Taktiken die rationale Antwort des ‚Kleinen‘ gegen eine übermächtige Streitmacht. Verborgenheit, Schnelligkeit und Überraschung sind die taktischen Manöver der Guerillas, die das Ziel verfolgen, die Kosten für den Gegner soweit in die Höhe zu treiben, dass ein weiterer Kampf unrentabel wird (vgl. Petrakis 1978: 11; Walker 2013). Letztendlich, so Walker weiter, müssten Guerillas aber entweder eine konventionelle Armee aufbauen oder sich mit einer anderen konventionellen Streitmacht verbünden, um endgültig gewinnen zu können. Berger (2007: 48f.) unterscheidet Guerilla und Terrorismus in ähnlicher Hinsicht wie die vorangegangen Autoren. Beide würden zwar aus der militärisch schwächeren Position heraus angreifen, Terrorismus würde dabei aber weitaus offensiver, Guerillas defensiver vorgehen. Guerillas seien aufgrund ihrer territorialen Begrenzung und ihrem Ziel, staatliche Strukturen zu übernehmen, darauf angewiesen, diese weitestgehend zu erhalten. Der Terrorismus, dem es nicht in erster Linie darum geht selber Macht zu übernehmen, hat allein daher schon ein größeres Zerstörungspotenzial.

---

14 Laqueur revidiert hier auch seine eigene Ansicht von 1987.

Dennoch, oder vielleicht gerade deswegen, sind Guerilla-Bewegungen im historischen Vergleich grundsätzlich öfter erfolgreich gewesen als der Terrorismus (vgl. Laqueur 2004: 211).

Berger führt zusammen mit Weber (2008: 15ff.) sein unterscheidendes Argument weiter aus: Terrorismus und Guerilla greifen beide aus der schwächeren Position heraus an, wobei Terrorismus auf die psychologische Zermürbung des Feindes durch systematische Angriffe auf Zivilisten hofft, während Guerillas auf militärische Siege hinarbeiten, indem sie gezielte strategische Angriffe durchführen und dabei die Zivilbevölkerung schützen, die sie im Nachhinein zu kontrollieren erhoffen.[15] Dies bedeutet aber keineswegs, dass Guerillas weniger grausam mit ihren Gegnern umgehen als Terroristen. Auch bei ihnen sind Grausamkeiten gegenüber ihren Feinden eher die Normalität als die Ausnahme, da sie die Moral und den politischen Willen des Feindes zu brechen versuchen müssen (vgl. Walker 2013). Sie treffen allerdings, wie vorab beschrieben, eine andere Auswahl, wen sie als Feind definieren.

In der Organisationsform lassen sich ebenfalls zentrale Unterschiede ausmachen. Wie bereits oben angeführt, organisiert sich der moderne, insbesondere der Neue Terrorismus in dezentralen, oft transnationalen Netzwerken. Guerillas sind hingegen meistens geografisch begrenzt und weisen eine strenge hierarchische Ordnung in ihrer Organisationsstruktur auf. Guerilla-Organisationen sind zudem geprägt von einem drakonischen Level an Disziplin und harten Bestrafungen bei Verstößen gegen die eigens aufgestellten Regeln und Gesetze, insbesondere bei Fällen von Verrat und Spionage oder gegenüber Deserteuren (vgl. Walker 2013).

Bei der Frage nach geeigneten Maßnahmen gegen Terroristen und Guerillas, über die sich die Fachliteratur ohnehin uneins ist, gibt es keine klaren Unterschiede. Hier sticht eher die Gemeinsamkeit von Walker (2013) und Laqueur (2001: 164) hervor, die zum einen bei Guerillas, zum anderen bei Terroristen davon reden, diese offensiv zu bekämpfen, damit sich diese nicht

---

15 Berger und Weber (2008: 18) führen noch eine weitere Abgrenzung zum traditionellen Verbrechen an, in welchem nicht politisch oder militärisch gehandelt wird, sondern egoistisch-materiell. Dies ist für den weiteren Verlauf dieser Arbeit aber von geringerer Bedeutung.

neu formieren können. Informationen, so Laqueur (2004: 217), kommt hierbei eine nicht zu unterschätzende Schlüsselrolle zu.

Der oft zitierte Satz vom Terrorismusforscher Brian Jenkins „Wer des einen Freiheitskämpfer und Held, ist des anderen Terrorist" (Nußberger 2010: 69; Berger, Weber 2008: 14), unterstreicht bildlich die Problematik der unzureichenden Trennschärfe zwischen Terrorismus und Guerilla in vielen Aspekten. Dennoch warnen Laqueur (2004: 350) und Heywood (2007: 406) explizit vor diesem vermengenden Urteil, da es extrem selektiv, verurteilend und zugleich nihilistisch für Terrorismus sowie Guerilla verwendet werden kann. Laqueur plädiert daher stark dafür (2004: 346ff.), Terrorismus immer beim Namen zu nennen und ihn nicht mit neutraleren Beschreibungen zu umschreiben oder gar zu relativieren.

Neben der oben ausgeführten klaren Unterscheidung zwischen Staat, Terrorismus und Guerilla lassen sich für die Trennung von Terrorismus und Guerilla aber am Ende doch auch noch einige Merkmale festhalten: Während Guerillas generell militärisch-strategisch handeln und ihre Feinde gezielt ausmachen, um militärische Überlegenheit sowie Siege zu sichern, agieren Terroristen eher politisch-psychologisch und setzen auf die offensive Zermürbung des Feindes durch ihre öffentliche Botschaft der Angst und Unsicherheit, es könnte jeden treffen. Trotz der Möglichkeit, dass auch Terroristen manchmal militärische Ziele angreifen können, sollte hier im Sinne der Abgrenzung die Unterscheidung getroffen werden, dass Terrorismus hauptsächlich gegen Zivilisten gerichtet ist, während bei Angriffen auf militärische Ziele und Kombattanten von Guerilla-Angriffen zu sprechen ist. Ein weiterer Unterschied besteht darin, dass sich der moderne Terrorismus dezentral und transnational organisiert, während Guerilla-Organisationen durch ein hohes Maß an Zentralisierung und hierarchischer Ordnung geprägt sind.[16]

Festlegung einer eigener Definition

Die Schwierigkeit der Differenzierung zwischen den Ansätzen wird bei einem genauen Blick sichtbar. Einige Autoren tauchen in allen Ansätzen auf, weshalb jene soeben vorgestellten Ansätze nicht als vollkommen unabhängig

---

16 Die allgemeine Entwicklungsgeschichte der Guerillas, ihrer Organisationsformen und Handlungsweise ist in aller Ausführlichkeit bei Boot (2013) nachzulesen.

voneinander betrachtet werden sollten. Die hier erfolgte Aufteilung dient nur dem Versuch, Ordnung in die Vielfalt der Definitionen und Ansätze der Terrorismusforschung zu bringen und eine Übersicht zu schaffen.

Seit dem Beginn der Terrorismusforschung Ende der 1970er Jahre hat sich, wie oben ausführlich aufgezeigt, keine einheitliche Definition von Terrorismus durchsetzen können. Dafür wurde aber viel Wissen zu unterschiedlichen Aspekten und einzelnen, terroristischen Bewegungen zusammengetragen (vgl. Laqueur 2004: 210f.). An diesen bisherigen Verlauf der Forschung schließt sich auch diese Arbeit an, indem sie weiteres Wissen über die neuesten Auswüchse des Terrorismus zu aggregieren und auszuwerten versucht, um so einen eigenen Beitrag zur Terrorismusforschung zu leisten. Gleichwohl wird es darüber hinaus vielleicht möglich sein, einige bisherige Ansätze der Terrorismusforschung zu bestätigen, zu ergänzen, offene Fragen zu beantworten oder einzelne Aspekte zu widerlegen.

Mit dem Wissen, keine einheitlich gültige Definition von Terrorismus mit all seinen Facetten aufstellen zu können, und der gleichzeitigen Erkenntnis der zwingenden Notwendigkeit einer definitorischen Abgrenzung gegenüber anderen Formen der Gewalt zu Untersuchungszwecken (vgl. Berger 2007: 46; Stern 2000: 11ff.), präsentiert diese Arbeit zum Abschluss des Kapitels eine eigene Definition von Terrorismus auf der Basis des bisher zusammengetragenen Wissens. Vorausblickend auf den Untersuchungsgegenstand lehnt sich die Definition hier vor allem an den religiösen, Neuen Terrorismus an, wird aber auch versuchen, die anderen Ansätze einzubinden:

Terrorismus ist die Androhung oder Anwendung von Gewalt gegen Zivilisten. Diese werden zufällig ausgewählt, wobei der heutige, religiöse Terrorismus danach strebt, möglichst viele Opfer zu verursachen, da das Töten durch die religiös-ideologische Legitimation zum sakralen Akt erklärt wird. Das Narrativ der Apokalypse und der Fanatismus sind Identifikationsmerkmale dieses Neuen Terrorismus, der dadurch eine Entgrenzung jeglicher Gewalt vorantreibt. Er organisiert sich dezentral und transnational. Sein Ziel, einen gesellschaftlichen und politischen Wandel herbeizuführen, erhofft dieser Terrorismus vor allem dadurch zu erreichen, indem negativer, psychologischer und sozialer Druck – Angst und Panik –, den der Terrorismus kommuniziert, in die Herzen und Köpfe der Menschen getrieben wird. Terrorismus ist daher auch physische, aber vor allem psychologische Kriegsführung gegen Zivilisten.[17]

Es hat sich jedoch bereits mit Gewissheit offenbart, dass Terrorismus nicht immer derselbe war, ist, noch sein wird. Da das Konzept des Terrorismus einem stetigen Wandel unterliegt, stellt sich jetzt die Frage, ob der Islamische Staat nun eine Weiterentwicklung des Terrorismus ist oder nur eine neue Strömung im religiösen Terrorismus darstellt? Bildet der Islamische Staat womöglich, wie es Neumann (2015) aufbauend auf Rapoports vier Wellen-Theorie formuliert, sogar eine neue, fünfte Welle des Terrorismus? Oder hat sich nur die Organisation Islamischer Staat verändert, nicht aber der Terrorismus selbst? Abschließend: Wie bedeutend bleibt der Aspekt des Terrorismus im trialen Spannungsfeld des Islamischen Staates zwischen Terrorismus, Guerilla und Staat? Mit den in diesem Kapitel aufgezeigten Ansätzen der Terrorismusforschung, der hier gefundenen Definition von Terrorismus und der erfolgten Trennung der Begriffe Terrorismus, Guerilla und Staat als konzeptioneller Rahmen im Hintergrund, soll nun versucht werden, auf alle diese Fragen eine geeignete Antwort zu geben. Dafür wird diese Arbeit, nach einer kurzen Operationalisierung der Studie und einer knappen Übersicht über die Entwicklungsgeschichte des Akteurs, im Folgenden mittels der systematisch-kritischen Studie den Forschungsstand Islamischer Staat untersuchen.

---

17 Zur Erklärung: Psychologische Kriegsführung fasst das Vorgehen des Terrorismus am besten zusammen. Dennoch ist er vorrangig keine militärische Strategie, sondern eine Kommunikationsstrategie.

2. Der Islamische Staat im Irak und in Syrien

2.1 Operationalisierung der Studie

Mit Blick auf den zu untersuchenden Akteur soll einführend festgehalten werden, dass das Ziel dieser Studie insgesamt darauf ausgelegt ist, den IS besser zu verstehen, um diesem effektiver entgegentreten zu können, nicht um ihn, seine Taten oder Ziele zu legitimieren. Zur Benennung des Akteurs soll gleich zu Beginn klargestellt werden, dass diese Studie die Bezeichnung "Der Islamische Staat" oder das dazugehörige Akronym „IS" verwenden wird. Die daneben existierenden und in der Literatur zum Teil bewusst gewählten Namen „ISIS", „ISIL" und „Daesh" werden hier nicht verwendet. Der unbegründete, aber häufige Vorwurf, man würde durch diese Bezeichnung die verklärten Ambitionen des Islamischen Staates hervorheben und sogar legitimieren, obwohl er völkerrechtlich betrachtet gar kein Staat sei, sei dadurch begründet widerlegt, dass man normalerweise jede Extremistenorganisation oder Terrorgruppe bei dem Namen nennt, welchen die Gruppe oder Organisation selbst gewählt hat.[18] Damit die Terrororganisation Islamischer Staat gerade keinen Sonderstatus erhält und behandelt wird wie jede andere Terrororganisation, soll auch sie bei dem Namen benannt werden, den sie sich selbst zuletzt gegeben hat.[19] Weiterhin, wie nach dieser Ausführung bereits deutlich wurde, wird der Islamische Staat, nach Sichtung der gesamten Literatur, in dieser Studie vorerst als hybride Organisation betrachtet, die sowohl Elemente einer Terrororganisation als auch Charakteristika einer Rebellengruppe/-miliz aufweist und welche nun aber versucht, in den von ihr eroberten Gebieten eine eigene Form von Staatlichkeit zu etablieren.[20]

---

18 vgl. hier: Stern, Berger 2015: 8.
19 Eine Ausnahme wird selbstverständlich die Chronologie der Entwicklungsgeschichte darstellen, in der die Organisation immer so bezeichnet wird, wie sie zum jeweiligen Zeitpunkt benannt wurde.
20 Diese vorläufige, noch ungesicherte Betrachtungsweise des Akteurs als Hybrid stützt sich darauf, dass diese Betrachtungsweise die am häufigsten auftauchende in der Fachliteratur ist.

Die vorliegende Studie hat die Intention, den Akteur Islamischer Staat mittels vier verschiedener Dimensionen zu erfassen und somit für weitere Forschung greifbarer zu machen. Da, wie zu Beginn bereits kurz erläutert, eine Feldstudie vor Ort aufgrund der offensichtlichen Hindernisse nicht möglich ist und auch Interviews mit Rückkehrern aus dem IS derzeit noch nicht realisierbar sind, erschien diese systematisch-kritische Studie der Fachliteratur als das am besten geeignete Mittel, um zuverlässige Informationen über den Akteur zusammenzutragen.[21]

Dazu erfolgte zunächst eine Sichtung der Fachliteratur zur Thematik aus den Bereichen der Wissenschaft, der Politikberatung und des Journalismus, welche nun im Laufe dieser Studie ausgewertet wird. Diese möglichst breite Reflexion verschiedener Literaturstränge dient dem Versuch, die von unterschiedlichen Standpunkten aus geschriebenen Informationen über den IS hier zusammenzutragen und miteinander in Verbindung zu setzen. Hierzu muss allerdings erwähnt werden, dass diese Studie zwar breit angelegt ist, aus Kapazitätsgründen aber keinen umfassenden, alle thematisch zugehörige Fachliteratur einschließenden, Überblick über die Fachliteratur zur Thematik bieten kann. Vielmehr zielt diese Studie darauf ab, aus der Vielfalt der sorgfältig ausgewählten Fachliteratur ein gesichert geltendes, verlässliches Wissen über die Thematik zu generieren und einen detaillierten Überblick über die Situation und den Akteur zu gewinnen. Im Sinne der Fragestellung bedeutet dies, den Akteur im trialen Spannungsfeld zwischen Terrorismus, Guerilla und Staat zu verorten und durch den Ausschluss unzuverlässiger Informationen ausführliche und genaue Analysen sowie weitere Anschlussforschungen zu ermöglichen.

Wie bereits angesprochen ist es das Ziel der systematisch-kritischen Studie, ein klares, verständliches und verlässliches Gesamtbild des Akteurs IS nachzuzeichnen. Zu diesem Zweck sollen überflüssige, doppelte, unzuverlässige und logisch inkonsistente Informationen aussortiert werden. Selbstverständlich stellt sich hier die Frage nach der Messbarkeit der latenten Variablen, wie der „Verlässlichkeit von Informationen". Als Indikator soll

---

21 Zur Erarbeitung des Vorgehens in dieser systematisch-kritischen Studie, die methodisch an eine Literaturstudie angelehnt ist, wurden die Literaturstudien von Baumann 2013, Kubbig 1982 und Kubbig 2001 vorab gelesen und beim Aufbau dieser Studie zu Rate gezogen.

hier gelten, dass Empirie und Thesen, welche in der untersuchten Fachliteratur nicht widerlegt und von verschiedenen Autoren angeführt und belegt werden, als verlässlich gelten, während Empirie und Thesen, die nur vereinzelt auftauchen, die nicht nachhaltig belegt und denen von anderen Autoren eindeutig widersprochen wird, als nicht gesichert und daher unzuverlässig bewertet werden. Es ist wahrscheinlich, dass ein großer Teil der Informationen und Argumente zwischen diesen beiden eindeutigen Polen der Verlässlichkeit liegen werden, weshalb diese dann an ihrer eigenen Stringenz und Konsistenz sowie an ihrem logischen Zusammenspiel mit den dazugehörigen Informationen und Argumenten anderer Autoren gemessen werden müssen. Als übergeordneter Indikator soll zudem gelten, dass Thesen, die durch die Arbeit mit und durch die Auswertung von empirischen Daten belegt werden, immer als verlässlicher bewertet werden als solche Thesen, die auf populären, aber unbelegten Argumentationssträngen basieren. Die angesprochenen doppelten Informationen werden durch entsprechende Verweise vermerkt, aber nicht mehrfach niedergeschrieben. Sie leisten jedoch zur weiteren Absicherung der Verlässlichkeit, wie oben bereits erwähnt, einen wichtigen Beitrag. Die angesprochenen überflüssigen Informationen hingegen stehen im Kontrast zum formulierten Ziel des klaren, verständlichen Gesamtbildes. Hierzu zählen all jene Informationen, die zwar nicht dem Gesamtbild widersprechen, aber weder substanziell zu seiner Ergänzung noch zu seiner Erklärung beitragen. Daher werden zum einen aus Kapazitätsgründen, vor allem aber aufgrund des formulierten Zieles unzuverlässige, überflüssige und logisch inkonsistente Informationen zum größten Teil gar nicht in die endgültige Verschriftlichung dieser Studie mit aufgenommen. In den wenigen Ausnahmefällen, die zum Beispiel Kontroversen oder Ungenauigkeiten in der Fachliteratur aufdecken sollen, wird aber explizit auf die Unzuverlässigkeit dieser Informationen hingewiesen.[22]

---

22 Nachtrag, um die Indikatoren für (Un-)Zuverlässigkeit von Informationen noch ausführlicher und transparenter darzustellen: „Nicht nachhaltig belegt" soll heißen, dass Informationen gar nicht belegt (Spekulationen), oder zum Beispiel mit IS-eigenen Quellen belegt werden. Alternative Formulierungen wären hier „nicht *effektiv, ausführlich, klar, eindeutig* belegt.
„Vereinzelt" bedeutet, dass Autoren mit Ihrer Meinung alleine dastehen und diese Meinung den belegten Aussagen anderer Autoren eindeutig widersprechen. Das Beispiel Reuters wird aber zeigen, dass Einzelmeinungen nicht immer

Zur Literatur- und Quellenlage zur Thematik lässt sich festhalten, dass ein Großteil der Fachliteratur parallel beziehungsweise zeitlich leicht versetzt zur territorialen Expansion des Akteurs geschrieben und veröffentlicht wurde. Dies ist durch den damit einhergehenden Bedeutungszuwachs des Akteurs gut erklär- und nachvollziehbar. Daher ist nicht anzunehmen, dass Zitier-Kartelle in der untersuchten Fachliteratur existieren, was am Ende der Studie aber erneut überprüft werden soll. Es ist verständlich, dass Bücher zur Thematik allein aufgrund der Novität des IS nicht ausreichend ergiebig sind. Deshalb werden auch veröffentlichte Artikel in Fachzeitschriften, Reports von Institutionen der Politikberatung und von namhaften Think Tanks auf dem übergeordneten Gebiet der Terrorismusforschung mit in die zu untersuchende Fachliteratur aufgenommen. Diese zum Teil kürzeren Beiträge haben den Vorteil, dass sie meistens damit auskommen sich kurz und prägnant auf den Untersuchungsgegenstand allein zu begrenzen, wohingegen umfangreiche und detaillierte Bücher sich auch oft dem Umfeld und angrenzenden Thematiken widmen. Da aber auch diese Informationen möglicherweise nicht unwichtig für das Erkenntnisinteresse sind, ist eine ausgewogene Auswahl der Literatur angeraten gewesen. Um eine unvoreingenommene, breite Reflexion der deutsch- und englischsprachigen Fachliteratur[23] zu ermöglichen, wurden zunächst gängige und zugängliche

---

automatisch unzuverlässig sind, da Reuter seine Argumente ausführlich belegt. Sein Beitrag wird im Zusammenspiel mit dem Rest der Fachliteratur komplementär zu lesen sein, wodurch das Resultat der Arbeit bereichert wird.

Ein Beispiel für verlässliche Information: die *takfir*-Praxis: übereinstimmende, aus unterschiedlichen Quellen bezogene Informationen in der Literatur.

Ein Beispiel für unzuverlässige Information: der Lebenslauf al-Baghdadis: unterschiedlichste und ungenaue Informationen aus größtenteils IS-eigenen Quellen. Ein Rest Unschärfe wird aufgrund der Vielzahl an unüberprüfbaren Quellen jedoch vorhanden bleiben. So lässt sich bei konträren Standpunkten (z.B. al-Baghdadis Doktortitel) nicht abschließend ausmachen, welche Informationen falsch und welche richtig sind. An diesen Stellen ist es aber wichtig, den wahren Kern herauszufiltern (hier: die abgeschlossene, religiöse Ausbildung). Dieser Nachtrag verdeutlicht, dass die Kombination aller Indikatoren und das logische Zusammenspiel von Informationen verschiedener Autoren nachhaltig die Verlässlichkeit beziehungsweise die Unzuverlässigkeit der Informationen offenbaren.

23 Außer bei Eigennamen oder feststehenden Begriffen werden in dieser Studie Verweise oder Zitate aus der englischsprachigen Fachliteratur durch den Autoren

wissenschaftliche Datenbanken, wie zum Beispiel *Web of Science/Social Sciences Citation Index, JSTOR und GoogleScholar* sowie die *Datenbanken der Bibliotheken der Johann Wolfgang Goethe-Universität Frankfurt am Main und der Online-Katalog der Hessischen Stiftung Friedens- und Konfliktforschung (HSFK) auf der Datenbasis der World Affairs Online* nach den thematischen Suchbegriffen *Islamischer Staat, Islamic State, ISIS, ISIL, IS* durchsucht und die Ergebnisse nach den Kriterien *Relevanz* und, wenn möglich, *Häufigkeit der Zitation* geordnet. Die obersten, oftmals in mehreren Datenbanken wiederkehrenden, Ergebnisse wurden aufgrund ihrer bereits dadurch nachgewiesenen Relevanz in die zu untersuchende Menge der Fachliteratur aufgenommen.

Ebenso wurde die Fachliteratur aufgenommen, die in gängigen Bestseller-Listen, wie zum Beispiel *Spiegel, Zeit, Weltbild, bücher.de*, und in Empfehlungen auflagenstarker Zeitungen, wie der *International New York Times* (vgl. Negus 2015) zu finden ist, da diese Literatur stark frequentiert wird und ein genauerer Blick daher auch auf diese angeraten ist. Mit der Sichtung dieses ersten, festen Literaturstammes konnte dann weitere Fachliteratur, durch wiederkehrende Verweise und Zitate zu anderen zentralen Schriften und Autoren, aggregiert werden. Zur Erarbeitung und Festlegung auf eine endgültige Literaturauswahl wurden zusätzlich drei Experten verschiedener Ressorts zu Rate gezogen, die zur untersuchenden Thematik zentrale und renommierte Autoren und Schriften benennen konnten, welche in dieser Studie nicht fehlen dürfen, sowie jene, welche in dieser kurzen und thematisch spezifischen Studie nicht prioritär sind.[24]

Die letztendlich getroffene Auswahl an Fachliteratur, die im Literaturverzeichnis als solche gekennzeichnet ist, spiegelt eine der Thematik angemessene Breite von analytischen Ansätzen und empirischen Schwerpunkten sowie

---

in die deutsche Sprache übersetzt, um eine sprachliche Einheitlichkeit und eine bessere Lesbarkeit zu garantieren.

24 Die drei befragten Experten waren *Janusz Biene*, Experte für Islamismus, Salafismus, Dschihadismus, Politische Gewalt und Terrorismus; *Dr. Bernd W. Kubbig*, Experte für Weltordnungspolitik, Ordnungsvorstellungen im Nahen und Mittleren Osten, Rüstungs- und Sicherheitspolitik und den Iran; und *Dr. Stephan Nitz*, Leiter der Bibliothek der Hessischen Stiftung für Friedens- und Konfliktforschung (HSFK) und Experte für Literaturrecherchen.

eine hohe Diversität von Autoren wider.[25] Sie bildet die Grundlage für das formulierte Ziel dieser Studie. Die vier substanziellen Kategorien, die zusammen das gewünschte Gesamtbild darstellen sollen, untersuchen jeweils diese gesamte Auswahl an Literatur und präsentieren daher an ihrem Ende auch jeweils ein eigenes Zwischenergebnis. Die so zustande kommenden vier Zwischenergebnisse werden am Ende der Studie in einen Rahmen und zu einem großen Gesamtbild zusammengefügt. Zur besseren Übersicht für den Leser, wurden die substanziellen Kategorien in weitere Unterkapitel eingeteilt. Jede dieser Kategorien lässt sich aber als geschlossene Einheit lesen.

2.2 Entstehungs- und Entwicklungsgeschichte des Islamischen Staates – Ein chronologischer Überblick

Die Chronologie der Entwicklungsgeschichte von den Anfängen 1999 bis zur Ausrufung des Kalifats 2014 ist in der Fachliteratur nahezu einstimmig dargestellt. In jedem Werk zum Islamischen Staat, je nach Länge und Fokus in unterschiedlicher Ausführlichkeit, findet sich eine Chronologie der Ereignisse, die zu dem IS geführt haben, der heute im Irak und in Syrien auszumachen ist. Der Vollständigkeit halber soll erwähnt werden, dass die verschiedenen Autoren, je nach ihrem eigenen Argumentationsstrang, zum Teil sehr unterschiedliche Gründe, Argumente und Bedingungen für das Zustandekommen der Chronologie der Ereignisse in der Entstehungsgeschichte des IS anführen. Einer Untersuchung der unterschiedlichen Argumentation bezüglich der Chronologie wird sich diese Studie allerdings nicht widmen, da es für den beabsichtigten einführenden Überblick ausreicht, die unangefochtene, in der Literatur mehrheitlich nachgewiesene und dadurch verlässliche, chronologische Abfolge der Entstehungsschritte nachzuzeichnen:

Die Entstehungsgeschichte des IS beginnt in einem Großteil der Literatur im Jahr 1999 mit der Entlassung der zentralen Gründungsfigur des IS, Abu Mus'ab al-Zarqawi, aus jordanischer Gefangenschaft. Mit Empfehlungsschreiben hochrangiger al-Qaida Funktionäre kam dieser nach Afghanistan, errichtete dort ein Trainingscamp und begann den Aufbau seiner eigenen

---

25 Stand: Ende 2015.
    Das beschriebene Auswahlverfahren erklärt, warum zum Beispiel Peter Neumanns Werk zum IS (veröffentlicht Mitte Oktober 2015) zwar im theoretischen Teil dieser Arbeit auftaucht, nicht aber in der untersuchten Fachliteratur.

ersten Kampftruppe *Jund al-Sham*. Diese wurde bereits nach kurzem in *Jama'at al-Tawhid wa' al-Jihad* (JTWJ) umbenannt und erlangte schnell durch geplante, aber gescheiterte Anschläge in Jordanien 1999 Berühmtheit. Danach zog sich al-Zarqawi mit seiner Gruppe zurück, bis sie 2001 wieder an der Seite von al-Qaida und der Taliban in Erscheinung traten, um gegen die USA in Afghanistan zu kämpfen. Die durch den schnellen Vormarsch der USA verursachte Zerstreuung al-Qaidas veranlasste al-Zarqawi sich bereits Ende 2001 über den Iran in den Norden des Iraks abzusetzen und dort Fuß zu fassen. Mit dem Einmarsch der US-Amerikaner in den Irak 2003 sah al-Zarqawi seine erneute Chance und kämpfte auf der Seite sunnitischer Aufständischer im Irak gegen die USA und die Schiiten im Irak (vgl. Lister 2015: 5ff.).

Im September 2004 schwor al-Zarqawi gegenüber Osama Bin Laden und al-Qaida offiziell den Treueeid, weshalb seine Kampfgruppe JTWJ an diesem Punkt ebenso offiziell zu *Al-Qaida im Irak* (AQI) umbenannt wurde (vgl. Lister 2015: 9). Während AQIs Kampf gegen die US-Besatzung des Iraks und gegen die Schiiten weiterging, gründeten AQI und fünf weitere dschihadistische Gruppen im Januar 2006 die Dachorganisation *Majlis Shura al-Mujahideen* (MSM), um die Dschihad-Bewegung im Irak zukünftig besser zu koordinieren. Nachdem al-Zarqawi noch im Juni desselben Jahres durch einen US-Luftschlag starb, wurde Abu Ayyub al-Masri kurzweilig zum neuen AQI-Anführer ernannt. Im Oktober 2006, nur knapp zehn Monate nach ihrer Gründung, rief die Dachorganisation MSM den *Islamischen Staat im Irak* (ISI) aus und ernannte Abu Omar al-Baghdadi zu seinem Anführer, welchem der neue AQI-Anführer al-Masri umgehend die Treue schwor (vgl. Lister 2015: 10f.).[26] ISI wurde durch seine schnelle Ausbreitung im Nordirak und durch sein äußerst brutales und kompromissloses Vorgehen gegen Andersdenkende innerhalb weniger Wochen sehr

---

26 Todenhöfer (2015: 12) beschreibt, dass es eine Doppelspitze bei ISI gab, mit al-Masri als neuem Anführer von ISI und Abu Omar al-Baghdadi als geistlichen Emir. Die wirkliche Existenz und die Bedeutung von Abu Omar al-Baghdadi sind bis heute jedoch nicht belegt (vgl. auch Reuter 2015: 49ff.). Hierzu ergänzen Weiss und Hassan (2015: 62f., 114f.), dass Al-Masri die innere Führung von ISI übernommen habe, während al-Baghdadi für die Führung nach außen zuständig war. Da al-Masri zudem hier ISI und nicht al-Qaida die Treue schwor, spricht Lister an dieser Stelle bereits vom Beginn des Bruches mit al-Qaida.

bekannt, doch untergrub eben jenes Verhalten von ISI auch den Rückhalt in der sunnitischen Bevölkerung.

Bereits seit Anfang 2007 formierte sich daher, mit militärischer Unterstützung der USA, die *Sahwa*-Bewegung (bedeutet: das Erwachen) als Widerstand der sunnitischen Stämme gegen ISI, die den neuen Akteur mithilfe der US-Truppen zerschlagen und zurück in den Untergrund treiben konnte (vgl. Hippler 2015: 166; Lister 2015: 11f.; Rosiny 2014: 2). Als aber 2009 der Abzug der US-Truppen begann und die militärische und zivile Verwaltung zurück in die Hände des irakischen Staates gegeben wurden, eskalierten die zuvor durch die US-Besatzung unterdrückten, konfessionellen Spannungen im Irak zwischen Kurden, Sunniten und Schiiten. Jede Bevölkerungsgruppe wollte sich den größtmöglichen Anteil an der wieder frei gewordenen Herrschaftsgewalt im Irak sichern. Im Zuge dessen entmachtete die schiitisch-geführte, irakische Regierung unter Ministerpräsident Nuri al-Maliki die sunnitische Sahwa-Bewegung und entließ nahezu alle hochrangigen, sunnitischen Offiziere aus der regulären Armee. Dies wurde durch ISI, der sich nach Mosul zurückgezogen hatte, in mehrerer Hinsicht ausgenutzt: Erstens, profitierte ISI durch die Entmachtung seiner Bezwinger (Sahwa). Zweitens spielten die konfessionellen Spannungen der Rhetorik von ISI in die Hände. Drittens, die ersten beiden Punkte kombinierend, konnte ISI nun all jene erfahrenen, von al-Maliki entmachteten und daher vom Irak enttäuschten, Sahwa-Kämpfer der sunnitischen Stämme in seine eigenen Reihen rekrutieren, die sich, durch die Eskalation der konfessionellen Spannungen im Irak, nicht mehr durch die schiitische Regierung in Bagdad repräsentiert sahen (vgl. Dodge 2014: 16; Hippler 2015: 166; Lister 2015: 13f.; Lüders 2015: 55ff.; Reuter 2015: 174).

Am 18. April 2010 wurden ISI-Anführer Abu Omar al-Baghdadi und AQI-Anführer Abu Ayyub al-Masri getötet und Abu Bakr al-Baghdadi wurde binnen kurzer Zeit zum neuen Anführer von ISI ernannt. Spätestens an diesem Punkt ging AQI vollständig in ISI auf, da der neue ISI-Anführer Abu Bakr al-Baghdadi eine komplette Neuordnung der ISI-Führung veranlasste. Viele vorherige Führungsmitglieder, darunter der AQI-Anführer, waren mittlerweile tot oder inhaftiert worden. Zudem konnte sich ISI bei dieser Neuordnung an die neuen, von konfessionellen Konflikten geprägten Verhältnisse im Irak anpassen, um so seinen neu gewonnenen Rückhalt in der sunnitischen Bevölkerung auszubauen.

Ende 2011 expandierte ISI in das vom Bürgerkrieg zerrüttete Syrien mit der Entsendung weniger Getreuer unter der Führung des Syrers Abu Muhammad al-Jaulani[27], der vorher bereits als Stellvertreter Abu Omar al-Baghdadis die ISI-Tagesgeschäfte in Mosul verwaltete (vgl. Barrett 2014: 12; Lister 2015: 14; Stern, Berger 2015: 41ff.; Weiss, Hassan 2015: 149ff.).[28] Dieser baute in Syrien aus verschiedenen dschihadistischen Zellen die *Jabhat al-Nusra* (Unterstützungsfront) auf und konnte bis Anfang 2013 große Erfolge gegen die Truppen von Syriens Präsidenten Assad sowie gegen andere Rebellengruppen verzeichnen. Parallel dazu startete ISI von Juni 2012 bis Juni 2013 im Irak die ‚Breaking the Walls'-Initiative zur Befreiung vieler getreuer ISI-Führungspersonen und Kämpfer aus irakischen Gefängnissen und baute so seine Organisation im Irak weiter aus (vgl. Lister 2015: 16ff.; Rosiny 2014: 3).

Aufgrund der Erfolge von al-Nusra in Syrien verkündete ISI-Anführer al-Baghdadi am 9. April 2013 den Zusammenschluss von ISI und al-Nusra zu *ISIL/ISIS*[29], was al-Nusra Anführer al-Jaulani aber ablehnte und woraufhin er demonstrativ al-Qaida-Oberhaupt al-Zawahiri die Treue schwor. Während ISIS nun Kämpfer in den Osten Syriens entsandte, führten die Anführer der drei dschihadistischen Organisationen – ISIS, al-Nusra, al-Qaida – einen vehementen Streit über die Auslegung und Interpretation der

---

27 Eine kurze Ergänzung zu den verwendeten Namen: al-Jaulani wird in der Fachliteratur auch al-Jowlani, al-Dscholani, al-Golani oder al-Dschaulani geschrieben. Diese Namensvarianz ist bei mehreren, später in dieser Arbeit auftauchenden, Personen der Fall, weshalb sich diese Arbeit damit begnügt, immer nur die am häufigsten verwendete Schreibweise zu übernehmen. Zudem werden in der Regel die selbst gegebenen Kampf- und Decknamen verwendet, da diese allgemein bekannter sind. Von der Gegenüberstellung der Decknamen mit den Geburtsnamen der Personen wird in der Regel auch abgesehen, da diese Flut an Namen extrem verwirrend ist, wie die Lektüre der Fachliteratur offenbarte. Der Name al-Jaulani, zur reinen Information, ist übrigens ein Bezug auf die Golanhöhen (vgl. Hashim 2015: 11).

28 Niemand in der Fachliteratur widerspricht der Behauptung, al-Nusra sei von ISI 2011 initiiert worden. Im Gegenteil greift fast jedes Werk diese Darstellung mit unterschiedlichen Belegen wieder auf. Es kann daher als gesichert und verlässlich gelten, dass al-Nusra ursprünglich im Auftrag von ISI nach Syrien kam.

29 ISIL: Islamischer Staat im Irak und in der Levante; ISIS: Islamischer Staat im Irak und in Syrien.

jeweiligen Zugehörigkeit. Dieser eskalierte rund ein Jahr später im Februar 2014 soweit, dass es endgültig und offiziell zum Bruch zwischen ISIS und al-Nusra sowie zwischen ISIS und al-Qaida kam (vgl. Lister 2015: 20f.; Reuter 2015: 38, 156f.; Rosiny 2014: 1ff.).[30]

Auch wenn ISIS danach offiziell in Syrien auf sich allein gestellt war, liefen viele al-Nusra Kämpfer sowie Kämpfer anderer dschihadistischer Rebellengruppen zu ISIS über, wodurch ISIS von April 2013 bis Juni 2014 schnell und oft kampflos große Territorien und Provinzen im Osten Syriens, inklusive großer Mengen Öl, Ressourcen und Waffen, erobern konnte (vgl. Barrett 2014: 13; Lister 2015: 20f.; Rosiny 2014: 4). Da die konfessionellen Spannungen im Irak seit Januar 2014 weiter eskaliert waren und die irakischen Parlamentswahlen im April 2014 keinen klaren Sieger erkennen ließen, ergriff ISIS die Gunst der Stunde, startete mit seinen neu gewonnenen Ressourcen und Kämpfern von seinen syrischen Territorien aus am 9. Juni 2014 seine Invasion in den Irak und eroberte circa ein Drittel des Landes in weniger als drei Wochen, darunter Mosul, die zweitgrößte irakische Stadt (vgl. Hippler 2015: 168; Rosiny 2014: 4). Hierbei fielen ISIS erneut zahlreiche Provinzen mit Waffenlagern, Ölfeldern und Kasernen in die Hände.

Nach der Eroberung großer Territorien in Syrien und im Irak ließ ISIS am 29. Juni 2014 über seinen Sprecher Abu Mohammed al-Adnani die Wiederherstellung des Kalifats ausrufen, mit Abu Bakr al-Baghdadi als neuen Kalifen ‚Ibrahim'. Schließlich verkündete al-Adnani im Zuge dieser Ausrufung des Kalifats zudem die Umbenennung von ISIS zu Islamischer Staat (IS) (vgl. Lister 2015: 15f.; Reuter 2015: 191; Rosiny 2014: 4f.).[31]

---

30 Weitere intensive Auseinandersetzungen mit den Konflikten zwischen al-Nusra und ISIS sowie zwischen al-Qaida und ISIS sind zu finden bei: Hashim 2015:11f.; Reuter 2015: 70–86; Said 2014: 56–89; Steinberg 2015: 86–95; Weiss, Hassan 2015: 179–99.

31 Intensiv mit der Entstehungsgeschichte hat sich Christoph Günther (2014) befasst, der allein ISI in einem ganzen Werk untersucht und vorstellt. Die Chronologie der Entwicklungsgeschichte findet sich zudem in unterschiedlicher Ausführlichkeit auch bei: Al-ʿUbaydi et al. 2014: 8–26; Barrett 2014:11–17; Hashim 2015: 2–7; Said 2014: 17–109 (mit besonderem Fokus auf die Levante/Syrien und der allgemeinen Entstehung dschihadistischer Gruppen); Saltman, Winter 2014: 28–31; Steinberg 2015: 21–112; Stern, Berger 2015: 13–52; Weiss, Hassan 2015: 1–130.

2.3 Die Novität des Islamischen Staates

Mit der Ausrufung des Kalifats und der Umbenennung in Islamischer Staat im Juni 2014 endet vorerst die Entstehungs- und Entwicklungsgeschichte. Seither hat es, abgesehen von Verschiebungen der Territorialgrenzen durch militärische Erfolge oder Niederlagen, keine den Charakter oder den Aufbau des Akteurs verändernde Umstrukturierung mehr gegeben.

Wie bereits einleitend angesprochen, bedarf es weiterer Forschungen zu diesem neuen Akteur, auch wenn, beziehungsweise gerade weil, in den Medien viel über das Vorgehen, die Fortschritte oder Rückschläge des IS berichtet wird, während die Berichterstattung über die Beschaffenheit des Akteurs selbst sehr dünn bleibt. Diese Unausgewogenheit in der Berichterstattung rührt daher, dass der Akteur selbst sich und seine Botschaften massenhaft global präsentiert, während der Weltgemeinschaft eigene Einblicke in den IS verwehrt bleiben und daher sehr wenig unabhängiges Wissen über die Neuartigkeit des IS bekannt ist.

Diese Untersuchung soll dazu beitragen, vorhandenes Wissen aus der Fachliteratur über den IS zu sortieren und zu sondieren, um verlässliche Informationen, aber auch Kontroversen über die Beschaffenheit des Charakters und der Struktur des Akteurs herauszuarbeiten und den IS so, trotz seiner Novität, für Analysen, weitere Forschung und Berichterstattung besser greifbar zu machen.

Die neue Problematik, vor die der IS die Welt stellt, ist, dass der IS grundsätzlich anders vorgeht als vergleichbare terroristische Organisationen. Während zum Beispiel al-Qaida seit langem einen Kampf gegen den Westen und den weltweiten Kapitalismus führt, kämpft al-Shabab bekanntermaßen in Somalia für eine neue, islamische Ordnung im eigenen Land und daher vorrangig gegen die alten, nationalen Eliten. Der IS hingegen zielt sichtbar darauf, zunächst politische Macht und Territorien im Nahen und Mittleren Osten zu gewinnen und innerhalb des eigenen Territoriums die eigene Interpretation des Islams, auch und vor allem gegen andersdenkende Muslime, mit extremer Gewalt durchzusetzen (vgl. Lister 2015: viii-ix).[32] Während man daher bei al-Qaida vom globalen und bei al-Shabab

---

32 Für weiterführende Informationen zu al-Qaida siehe: Saltman, Winter 2014: 15–26; Stern, Berger 2015: 53–67. Für weiterführende Informationen zu

vom nationalen Dschihad spricht, so scheint der IS eine weitere, alternative Form des Dschihads zu verfolgen, den regionalen Dschihad. Bei dieser Neuinterpretation des Dschihads sind dem gewaltsamen Vorgehen und der Zerstörungswut offenbar keine Grenzen gesetzt, was die Vernichtung von jahrhundertealten Artefakten und Bauwerken, die als Erbe der gesamten Menschheit betrachtet werden, und die konfessionelle Kriegstreiberei innerhalb des Islams, die an die verheerenden europäischen Religionskriege des 16. und 17. Jahrhunderts denken lassen, belegen (vgl. Lister 2015: x).

Parallel zu dieser Zerstörungswut offenbart der IS aber erstmals auch den Willen, etwas grundsätzlich Neues aufzubauen (vgl. Stern, Berger 2015: 73). Der IS hat weder die Enthauptungen noch die Brutalität erfunden, doch mixt er beide erstmals mit einem Bild von „Stabilität und Würde" (Stern, Berger 2015: 197), welches er der Weltöffentlichkeit als sein blutiges Markenzeichen verkauft. Dabei manipuliert er innovativ westliche Medien, wie die Sozialen Medien, so Stern und Berger (2015: 7) weiter, durch die seine Propaganda bis in jede Wohnung dringen kann. Die öffentliche Zurschaustellung dieser moralisch verwerflichen Barbarei unter gleichzeitigem Bezug auf heilige Texte (vgl. Stern, Berger 2015: 207, 234ff.) ist brutaler, konfessioneller und apokalyptischer als alles bisher Bekannte im internationalen Dschihadismus. Selbst jene Prediger, die wir einst als Schlimmste der Schlimmen in der dschihadistischen Szene bezeichneten, verurteilen das Handeln des IS heute als moralisch verwerflich.

Zudem ist der IS im Gegensatz zu al-Qaida nicht dezentral, versteckt und verstreut im Untergrund anzutreffen, sondern sehr präsent, greifbar und besitzt eine direkte Kontrolle über weite Territorien und Millionen von Menschen. Der IS hat eine Adresse bekommen.

Diese erste Kurzbeschreibung des Akteurs reflektierte zwar viele Aspekte der in der Theorie erarbeiteten Terrorismusforschung sowie der dort aufgestellten Definition von Terrorismus, dennoch zeigten sich bereits hier einige substanzielle Veränderungen beim Akteur Islamischer Staat. Um der Novität des IS und seinem Handeln entgegenzutreten, bedarf es also zunächst gesichertes, verlässliches Wissen über den IS, damit diesem neuen Akteur auf die richtige Art und Weise entgegengetreten werden kann.

---

al-Shabab siehe: Steinberg 2013. Zur neuen Methodologie des IS im Vergleich zu anderen dschihadistischen Gruppen siehe: Al-'Ubaydi et al. 2014: 27–35.

Die folgende Untersuchung ist daher jener notwendigen Sicherung von verlässlichem Wissen gewidmet, damit anschließend ebenso verlässlich beurteilt werden kann, welche Eigenschaften und Charakteristika des IS wirklich neu, beziehungsweise welche altbekannten Strukturen oder theoretischen Ansätze ‚nur' neu verpackt sind. Mit dieser Zielsetzung und im Rahmen der Terrorismusforschung erarbeitet die sich hieran anschließende, systematisch-kritische Studie die eingangs aufgestellte Forschungsfrage, wie der Akteur Islamischer Staat in dem trialen Spannungsfeld zwischen Terrorismus, Guerilla und Staat zu verorten ist.

Die Studie beginnt im Folgenden mit der Untersuchung der grundlegendsten Eigenschaft eines Akteurs, der Frage nach der antreibenden Kraft hinter dem Handeln, der Ideologie, bevor sie sich der Struktur und dem Aufbau, der Handlungsweise und der Vernetzung des Akteurs widmet.

3. Ideologie – zwischen Religiösem Extremismus und Politischem Opportunismus

Als erstes widmet sich diese Studie der Untersuchung der Fallliteratur auf eine mögliche Ideologie des IS, welche Grundlage von Struktur und Handlungsmuster sein kann. Wenn eine Ideologie erkannt werden kann, nach der strikt gehandelt wird, kann man das Handeln des IS voraussagen. Wie Wood (2015) anmerkte, wäre auch das Kalifat vorherzusehen gewesen, da sich Baghdadi schon 2011 mit dem Titel „Kommandeur der Gläubigen", einem Kalifentitel, schmückte. Es ist ebenso wichtig zu versuchen eine Ideologie zu erkennen, da die Literatur zunächst uneinig über die Akteure des IS und ihre Absichten erscheint: „Von gottlosen Opportunisten, über Kriegsprofiteuren über pragmatische Stammeskämpfer bis hin zu verpflichteten *Takfiris*" (Weiss, Hassan 2015: 153).

3.1 Religiöser Extremismus

Die Ideologie, die ein Großteil der Fachliteratur identifiziert, wirkt strategisch geplant und trotz einiger Schwächen in sich konsistent. Die größte identifizierte Schwäche sei, so viele Autoren, dass die islamisch angehauchte Ideologie des IS keiner konkreten Schule oder Richtung des Islams folge und eine kontinuierliche Neuinterpretation der Scharia zur Rechtfertigung jedweden Handelns zum Markenzeichen habe (vgl. Barrett 2014: 7; Khatib 2015: 14f.; Weiss, Hassan 2015: 155). Trotz dieser Schwäche wirke die IS-eigene Interpretation des Islams selbst auf Feinde und Opfer überzeugend, so Weiss und Hassan (2015: 156) und Barrett (2014: 9) weiter. Die Religion Islam als Grundlage der Ideologie diene dem IS als überzeugendes Werkzeug zur Indoktrinierung, Motivation und Legitimation sowie zur Aggregation von Geld und militärischer und administrativer Macht (vgl. Barrett 2014: 43; Khatib 2015: 14). Der ideologische Bezug auf heilige Werte und Texte, nicht Logik und Verstand (vgl. Stern, Berger 2015: 207), sei gerade deshalb von Erfolg für den IS gekrönt, da es keine funktionierende logisch-staatliche oder religiös-ideologische Gegen-Narrative gibt, was in erster Linie dem syrischen und irakischen Staatsversagen zuzuschreiben sei (vgl. Barrett 2014: 7).

3.1.1 Das Schisma zwischen Sunniten und Schiiten

Das als vorrangig proklamierte ideologische Ziel des IS ist, die Sunniten von der Fremdherrschaft und Besatzung durch Schiiten oder westliche Marionettenregime zu befreien, weshalb der Islamische Staat des IS eigentlich, so Lister (2015: 46), exklusiv sunnitisch-islamischer Staat heißen müsste. Daraus resultiert der erste verlässliche Punkt, in dem sich die Fachliteratur überwältigend einig ist: Viele Sunniten könnten mit der IS-Ideologie zwar eigentlich nichts anfangen, wie die Sahwa-Bewegung beispielhaft belegt. Aber der Konfessionalismus der irakischen Regierung, die anti-sunnitische Politik, das Ausgrenzen der Sunniten aus staatlichen Positionen und Ämtern sowie die gesamte Schwächung des irakischen Staates zugunsten des eigenen Machterhalts des schiitischen Ex-Ministerpräsidenten Nuri al-Maliki, treibt viele Sunniten in die Arme(e) des IS. Der IS, der selbst seit seiner Gründung das Schisma zwischen Sunniten und Schiiten vertieft und vorantreibt, ergriff die Gunst der Stunde und beutete genau diese Konfessionalisierung des Staatskonfliktes im Irak aus (vgl. Barrett 2014: 9; Cockburn 2015: 47; Dodge 2014: 7ff; Hashim 2015: 13; Hippler 2015: 165ff.; Lüders 2015: 86f.; Reuter 2015: 171ff.; Rosiny 2014: 4; Said 2014: 100f.; Steinberg 2015: 53ff.;). Das Feindbild der Schiiten wurde spätestens während der Konfessionalisierung des innerirakischen Konfliktes deutlich als erster Bestandteil der IS-Ideologie. In der IS-Ideologie werden die Schiiten als noch größere Feinde des Islams dargestellt als Juden oder Christen, da Schiiten falsche Muslime und damit die frevelhaftesten aller Ungläubigen seien, die die größte Gefahr für die Einheit aller Muslime darstellen würden (vgl. Steinberg 2015: 127f.; Todenhöfer 2015: 72–125, 179f., 244ff.). Der IS versteht sich selbst in dieser Narrative als Speerspitze gegen die schiitischen Herrscher in Syrien, Irak und Iran und als Verteidiger der Sunniten (vgl. Saltman, Winter 2014: 34).

3.1.2 Die *takfir*-Praxis

Der eigentliche Kernbestandteil der IS-Ideologie geht allerdings noch einen Schritt weiter. Bereits für den IS Vorgänger al-Qaida im Irak waren nicht nur Schiiten Ungläubige, sondern auch sämtliche säkulare Weltanschauungen wie Nationalismus, Baathismus oder Kommunismus Blasphemie. In der IS-Weltanschauung würden alle wahren Muslime eine Nation bilden, die keine Ethnizität kenne und in der einzig der wahre Glaube zähle (vgl. Hashim 2015: 5; Weiss, Hassan 2015: 158f.). Die ideologische Narrative des IS gibt sich für dieses Ziel aber nicht mit der Verfolgung und Vernichtung von offensichtlich Andersgläubigen zufrieden, sondern erklärt auch generell jede muslimische Person, die nicht der hauseigenen IS-Interpretation des Islams folgen will, zum Ungläubigen und brandmarkt sie zum Feind des Islams, um sie anschließend ‚gerechtfertigt' töten beziehungsweise hinrichten zu können (vgl. Barrett, 2014: 18). Dieser Akt, so heben Stern und Berger (2015: 26f.) hervor, jemanden zum Ungläubigen oder Ketzer zu erklären, ist von großer Signifikanz im Islam und wird von den meisten Gelehrten abgelehnt und nicht praktiziert. Die Bezeichnung für diesen Akt ist *takfir* und hat in der Regel sehr strenge formale Kontrollkriterien zu erfüllen.

Die grundlegende Neuerung in der Ideologie des IS ist, dass es nahezu keine Kontrollkriterien mehr gibt und jeder, der gegen die Führung oder die ideologische Interpretation des IS handelt oder denkt, Opfer der *takfir*-Praxis wird (vgl. Saltman, Winter 2014: 22; Todenhöfer 2015: 246). Grundsätzlich, so führt Wood (2015) detaillierter aus, sei die *takfir* Anwendung nur dann gestattet, wenn alle Kontrollkriterien beachtet wurden und das Vergehen ein so Schlimmes ist, wie die Verneinung der Heiligkeit des Koran oder des Propheten. Der IS interpretiere aber auch den Genuss von Alkohol oder Tabak, Wahlen, die als falsch angesehene Bartrasur oder für falsch erklärte Kleidung als Beleidigung und Verneinung von Koran und Prophet. Da die Schiiten in der IS-Ideologie ohnehin bereits Feinde des Islams sind, sind die meisten Opfer dieser *takfir*-Praxis sunnitische Muslime, die im Herrschaftsbereich des IS leben sowie selbstverständlich alle Widersacher oder Störenfriede im IS Territorium, für deren Beseitigung sich diese Praxis besonders gut eignet.

Die mit der Aufhebung der Kontrollkriterien einhergehende exzessive Nutzung ist so intensiv und prägend für den IS, dass die *takfir*-Praxis kein Handlungsmuster, sondern schon integraler Bestandteil der Ideologie des IS ist. Entscheidend für diese Aufnahme in die Ideologie ist auch, dass keine vergleichbare, dschihadistische Gruppe oder Organisation überhaupt Gebrauch von dieser religiösen Praxis macht. Zusätzlich vergleicht Reuter (2015: 40) die *takfir*-Praxis generell mit der katholischen Exkommunikation, die ebenfalls integraler Bestandteil einer religiösen Lehre ist. In dem aktuellen Ausmaß der Verwendung dieser Praxis durch den IS wäre aber ein Vergleich zu den Hochzeiten der Inquisition wahrscheinlich noch zutreffender.

Die ideologische Grundlage des IS, auf der diese *takfir*-Praxis basiert und funktioniert, ist der dschihadistische Salafismus, eine Form des militanten, politischen Islamismus.[33] Dieser wird in der Literatur als islamische Strömung beschrieben, die jegliche Modernisierung seit der Zeit des Propheten ablehnt. Ihr Ziel ist daher die Rückbesinnung auf eine idealisierte Frühzeit, in der Einfachheit und Einheit charakterisierend sind (vgl. Barrett, 2014: 9, 18). Steinberg (2015: 121) führt dazu aus, dass diese Strömung die Gesellschaft nach dem Vorbild des Ur-Islams reformieren will, um ein idealisiertes, utopisches Abbild der Gesellschaft um Mohammed und seiner Lebensweise zu rekonstruieren. Zu diesem Zweck werde auch vor Zwang nicht zurückgeschreckt, damit die Scharia in allen Lebensbereichen politisch, rechtlich, sozial, kulturell und ökonomisch durchgesetzt werden kann. Der IS habe es gemeistert, so Reuter (2015: 197ff.) und Wood (2015), auf dieser Grundlage ein erschreckend vergleichbares Spiegelbild zu den überlieferten Schlachten und Eroberungszügen Mohammeds und vieler Facetten des damaligen Lebens zu schaffen. Der Rückgriff auf diese Frühzeit, so erklärt es Christoph Günther (*in* Biene, Schmetz 2015: 13ff.), belege zudem, warum die Verbindung von Religion und Politik grundlegend im Herrschaftsmodell des IS sei und warum die Narrative des IS nur die absoluten Schwarz-Weiß-Kategorien, Freund oder Feind, kenne. Stern und Berger (2015: 242, 252) hingegen argumentieren, dass der IS zwar den Anspruch der Salafisten vertrete, einen originalen Ur-Islam zu repräsentieren, aber letztlich daran scheitere, alle Nuancen und die Komplexität dieser heiligen Texte zu verstehen.

Sie teilen aber dennoch die Auffassung der meisten anderen Autoren, dass die IS-Ideologie auf diesem dschihadistischen Salafismus beruht und sich einer in die Ideologie integrierten *takfir*-Praxis zur Umsetzung seiner Ziele bedient (vgl. Armborst, Andreas *in* Biene, Schmetz 2015: 38; Said 2014: 75; Steinberg 2015: 144f; Stern, Berger 2015: 265ff.; Wood 2015). Betrachtet man die übereinstimmenden Ausarbeitungen und Analysen dieser Autoren

---

33 Für Definition und Erklärung vergleiche Anm. 34.

zusammen mit jenen der bereits erwähnten Autoren, auf deren Grundlage dieser Abschnitt zustande gekommen ist, kann man an dieser Stelle von einem sehr verlässlichen Abbild der IS-Ideologie sprechen.[34]

Exkurs: Die Rolle Saudi-Arabiens

An dieser Stelle soll, aufgrund der häufigen Verweise in der Fachliteratur, ein kurzer Exkurs zur Rolle Saudi-Arabiens bezüglich der IS-Ideologie erfolgen. Die salafistische Strömung lässt sich überwiegend auf al-Wahhab zurückführen, den Begründer des Wahhabismus, der heutigen Staatsreligion Saudi-Arabiens. Daher sind Salafismus und Wahhabismus in der Praxis und als Wurzel des heutigen Dschihadismus nahezu deckungsgleich und kaum zu trennen (vgl. Steinberg 2015: 24; Stern, Berger 2015: 265ff.).[35] Lüders geht in seinen Ausführungen noch weiter und berichtet von „enge[n] ideologische[n] und finanzielle[n] Bande[n] zwischen dem wahhabistischen Staatsislam und dem Dschihadismus" (Lüders 2015: 85). Er legt dar (2015: 84), wie auch saudische Prediger im Fernsehen und Internet offen dazu aufrufen, Schiiten zu töten. Zwar habe der IS Saudi-Arabien durch sein Kalifat de facto den Krieg erklärt, aber selbst wenn der IS militärisch besiegt würde, fänden überzeugte IS-Ideologen in Saudi-Arabien immer einen sicheren Hafen (vgl. Lüders 2015: 86). Ebenso berichten Cockburn (2015: 109), Reuter (2015: 316ff.) und Todenhöfer (2015: 11) von der extremen ideologischen Nähe zwischen saudischer Staatsreligion und der IS-Ideologie, doch sie verweisen auch auf die Unterschiede in der Praxis. Stern und Berger (2005: 210) schließen sich dem an und verdeutlichen die Unterschiede an einem Praxisbeispiel: Saudi-Arabien habe als einziges Land, wie der IS auch, die Todesstrafe ‚Enthauptung'. Diese würde, auch wie im IS, öffentlich vor den Moscheen unter

---

34 Weitere detaillierte und hilfreiche Ausführungen zur Erklärung von sunnitischem und schiitischem Islam, dem historischen Kalifat, Grund- und Kernprinzipien des Islams, (Stillem, Politischem und Dschihadistischem) Salafismus, Wahhabismus, Dschihad und *takfir*-Praxis sowie eine kurze Geschichte des Islams sind bei Megan K. McBride im Anhang von Stern und Berger 2015: 257–280 zu finden.

35 Ergänzend dazu wird auch noch der Qutbismus als Wurzel des heutigen Dschihadismus betrachtet. Dieser geht zurück auf Sayyid Qutb, einen der wichtigsten Vordenker des Islamismus des 20. Jahrhunderts. Er war unter anderem Führungsmitglied der ägyptischen Muslimbruderschaft in den 1950er und 1960er Jahren.

Berufung auf die Scharia vollstreckt. Der entscheidende Unterschied aber sei, dass es in Saudi-Arabien ausgebildete Vollstrecker mit langer Ausbildung gebe, die ihr Werk mit einem Schlag zu Ende brächten, um die Schmerzen der Verurteilten zu minimieren. Der IS hingegen hacke sich förmlich durch den Hals der Opfer, um Schmerzen bewusst zu maximieren. In der Brutalität und Grausamkeit der Umsetzung der Ideologie liegt dementsprechend der fundamentale Unterschied zwischen Saudi-Arabien und dem IS, wie auch Steinberg (2015: 123ff.) belegt.

Grundsätzlich allerdings stellt der wahhabistische Islam eine fundamentalistische Strömung dar, die durch die enormen finanziellen Ressourcen Saudi-Arabiens unverhältnismäßig stark gefördert und propagiert wird und die für das Verständnis der konfessionellen Konflikte in der Region entscheidend ist. Cockburn (2015: 5f., 99f., 108) und Weiss und Hassan (2015: xi) warnen abschließend eindringlich, dass diese fundamentale Lehre die religiöse Intoleranz in der Region weiter fördere und Extremisten von IS und al-Qaida einen Nährboden für den Großteil ihrer Ideologie biete.

3.1.3 Die Narrative der Apokalypse

Um den Fokus aber auf der IS-Ideologie zu behalten, soll nun ein weiterer, in der Literatur deutlich und verlässlich benannter, Kernbestandteil der IS-Ideologie vorgestellt werden. Dieser sind die kontinuierlichen Verweise der IS-Ideologie auf die apokalyptischen Prophezeiungen des Islams, die der Narrative zufolge in Kürze eintreten werden beziehungsweise bereits eintreten. Der IS nutzt die starke Symbolkraft dieser Endzeit-Narrative zur Motivation seiner Kämpfer und Legitimation seines Handelns so oft, dass sie als Leitmotiv der Ideologie auszumachen ist (vgl. Barrett 2014: 7; Lüders 2015: 88f.; Said 2014: 146ff.; Saltman, Winter 2014: 32f.; Weiss, Hassan 2015: 174ff.). Neben diesen Autoren werden Stern und Berger (2015: 219ff.) bezüglich dieses Ideologiebestandteils und Leitmotivs am deutlichsten. Sie geben an, dass diese IS-Narrative als Leitmotiv auf ein breites Fundament fällt und belegen dies mittels einer Umfrage von 2012, deren Ergebnis zufolge über die Hälfte aller Muslime glauben, dass sie den jüngsten Tag persönlich miterleben werden. Der IS beutet diese Endzeit-Erwartungen und Prophezeiungen in Worten und Taten zum eigenen Vorteil aus, wie die Wiedererrichtung des Kalifats, die Wiedereinführung der Sklaverei und die Anstachelung eines konfessionellen Bürgerkriegs in Syrien und im Irak zeigen, die alle Bestandteil der Prophezeiungen sind (vgl. Stern, Berger 2015: 220f.). Die apokalyptischen Prophezeiungen vom Endkampf zwischen dem absolut Guten und dem absolut Bösen, so Stern und Berger (2015: 224ff.) weiter, fügen sich nahtlos in die ideologische Schwarz-Weiß-Narrative des IS ein, in der der IS durch seine Rückbesinnung auf eine idealisierte Frühzeit des Islams, die Welt vor der Ankunft des Erlösers von allem Schlechten reinigt und dann in der finalen Schlacht auf der Seite des absolut Guten siegen wird.

Das Verständnis der Prophezeiungen als Bestandteil der Ideologie ist elementar beim Versuch, das Handeln des IS zu verstehen und möglicherweise vorherzusagen. Dies verdeutlichen Stern und Berger (2015: 225ff.) am Beispiel der Eroberung von Dabiq in Syrien unter hohen Verlusten. Dies sei, so die Autoren, ökonomisch und strategisch wertloses Land, aber essenziell in den Prophezeiungen als Austragungsort der finalen Schlacht zwischen Gut und Böse. Dass Dabiq für den IS eine herausragende Rolle spielt, wird ebenfalls dadurch belegt, dass der IS sein Hauptpropagandamagazin nach diesem Ort benannt hat. Wood (2015) warnt allerdings vor der natürlichen Ungenauigkeit der Prophezeiungen, die viel Interpretationsspielraum offen lassen, wodurch es sehr schwierig werde vorherzusagen, wie der IS die Prophezeiung in bestimmten Aspekten auslegen wird.[36] Als sicher kann dagegen angenommen werden, dass es unter den Anhängern des IS durch die Narrative der Apokalypse zu einer Entgrenzung der Gewalt kommt.

3.1.4 Das Kalifat als Bestandteil der Ideologie

Die Ausrufung des Kalifats,[37] so die Fachliteratur, ist zwar auch Bestandteil der Endzeit-Narrative, jedoch so bedeutend, dass es zugleich auch einen für sich stehenden, verlässlichen Bestandteil der Ideologie darstellt. Ganz allgemein gesprochen ist das Kalifat des IS nun ein real gewordener ideologischer

---

36 Eine häufige interpretierte Sichtweise findet sich bei Wood (2015): Es wird vor der finalen Schlacht 12 legitime Kalifen geben und Baghdadi ist aktuell der Achte. Die Armeen Roms, der Bösen, werden auf die Armeen des Islams im Norden Syriens, bei Dabiq, treffen. Der finale Kampf steht kurz bevor. Wer allerdings „Rom" ist, darüber streiten selbst IS-Ideologen intern, Argumente reichen von der Türkei über den Westen bis hin zu irgendeiner ungläubigen Armee.
37 Für Definition und Erklärung zum Begriff Kalifat vergleiche Anm. 34.

Alleinstellungsanspruch in der islamischen Welt (vgl. Rosiny 2014: 1). Die Notwendigkeit der Ausrufung des Kalifats für den IS ergibt sich aber bereits aus dem bisher erarbeiteten ideologischen Selbstverständnis, da das Kalifat einen politischen und religiösen Führungsanspruch über alle Muslime erhebt (der IS sieht sich als Speerspitze gegen Feinde) und gleichzeitig an die Sehnsucht vieler Muslime nach einem vergangenen, goldenen Zeitalter in der islamischen Welt (salafistische Grundlage) appelliert (vgl. Rosiny, 2014: 1ff.; Stern, Berger 2015: 279).

Das IS-Kalifat und Baghdadi als Kalif Ibrahim treten ihrer eigenen Interpretation zufolge in die Tradition des Abbasiden-Kalifats, was durch die Verwendung derselben Symbolik wie schwarze Uniformen und Flaggen (vgl. Lüders 2015: 90ff.; Weiss, Hassan 2015: 1), aber auch durch die Erhebung von Raqqa zur ersten Hauptstadt, die ebenfalls die erste Hauptstadt des Abbasiden-Kalifats war (vgl. Barrett 2014: 36), deutlich wird.[38] Barrett (2014: 21) erklärt weiter, dass das Kalifat mehr Projektionsfläche für die Sehnsüchte vieler Gläubigen biete als eine Terror- oder Rebellenorganisation, da die Ausrufung des Kalifats eine große religiös-symbolische Signifikanz habe. Dies sei durch das weltweite Interesse und den geäußerten Respekt vieler rivalisierender Organisationen zum Ausdruck gekommen (vgl. Barrett 2014: 14). Auch Saltman und Winter (2014: 32) bestätigen die ideologische und symbolische Bedeutung der Ausrufung des Kalifats, da der IS nun formal die höchste Instanz in der Dschihad-Szene beanspruche, theologisch gesehen sogar für alle Muslime.

Wood (2015) verweist hingegen darauf, dass das Kalifat als integraler Bestandteil der Ideologie den IS zukünftig immun gegen größere Veränderungen und zugleich verwundbarer mache: So brauche der IS aufgrund seines Kalifats immer ein Territorium, in dem der Kalif islamisches Gesetz, die Scharia, durchsetzen kann, um seine Legitimität aufrecht zu erhalten. Daneben brauche das Kalifat eine hierarchische Struktur und sei dazu verpflichtet, immer Krieg zu führen, um, wie der Prophet, zu expandieren.

---

38 Während neben Barrett auch Lister (2015: 44) von Raqqa als Hauptstadt spricht, berichten Todenhöfer (2015: 188, 205) und Weiss und Hassan (2015: 230) mittlerweile von Raqqa *und* Mosul als de facto Hauptstädte des IS. Dieser Vermerk ist an diesem Punkt nicht von großer Relevanz, aber er sollte der Vollständigkeit halber erfolgen.

Frieden mit Ungläubigen dürfe es der Kalifats-Ideologie nach nur als Ausnahme und in Form temporärer, strategischer Waffenstillstände geben. Zudem erkenne das Kalifat generell keine Grenzen an, da diese nicht von Gott gemacht seien, was eine Existenz des ‚Islamischen Staates' als Staat in der heutigen Staatenwelt unmöglich macht. Zusätzlich müsse der Kalif auch für das Wohlergehen seiner Bevölkerung sorgen. Erfülle der IS diese durch das Kalifat selbst auferlegten Kriterien nicht oder verlöre der IS sein Territorium, verlöre er nach Woods Darstellung gleichzeitig jegliche Legitimität.

Ob diese Legitimität des Kalifats aber überhaupt jemals gegeben war oder ist, ist ob der großen Distanzierung fast aller einflussreichen islamischen Gelehrten allerdings mehr als fraglich. Dazu kommt die Problematik, dass der IS nur über weniger als 1 % aller Muslime weltweit regiert, und das Kalifat daher nicht durch die einheitliche Gemeinschaft aller Muslime noch durch die wichtigsten Gelehrten, sondern nur durch den IS-internen, eigenen Beraterkreis ausgerufen und Baghdadi zum Kalifen ernannt wurde (vgl. Biene, Schmetz 2015: 85ff.; Lister 2015: 22f.; Reuter 2015: 192; Rosiny 2014: 6). Die Ausrufung des Kalifats, so Rosiny (2014:6) weiter, sei daher in erster Linie eine „Selbstermächtigung zur Alleinherrschaft" gewesen. Vor diesem Hintergrund der formalen Illegitimität wirkt die Ausrufung des Kalifats zwar absurd, aber, so urteilen zumindest Reuter (2015: 193) und Hashim (2015: 14), die militärischen Erfolge und Gebietsgewinne und der daraus resultierende Zuwachs an realer Macht, boten dem IS vorerst genügend Gelegenheit und Legitimation und zwangen die Welt zu reagieren. Hippler beschreibt treffend – und die Standpunkte der anderen Autoren summierend – das Kalifat „'Islamischer Staat' war in diesem Zusammenhang weniger eine Beschreibung der Realität als vielmehr ein Programm" (2015: 168). Khatib (2015: 3, 9) schließt sich dieser Auffassung an und beschreibt das Programm des IS-Kalifats als das Versprechen eines authentischen islamischen Lebensstils nach Jahrzehnten säkularer Regime in Syrien und im Irak. Das Kalifat, so Khatib weiter, sei also erst der Anfang.

Exkurs: Ideologischer Konflikt mit al-Qaida

Auch an dieser Stelle ist ein Exkurs zum Konflikt zwischen al-Qaida und dem IS, die beide frühzeitig das Ziel verkündet hatten ein Kalifat zu errichten, angebracht.

Al-Qaida (AQ) vertritt eine Ideologie des defensiven Dschihad, in der AQ selbst die schwachen und unterdrückten Muslime gegen den ‚Fernen Feind‘, den Westen, verteidigt. Der ‚Nahe Feind‘, die Regime und Monarchien im Mittleren Osten/Golf, sei durch den Schutz des Westens vorerst unbesiegbar. Durch die Befreiung der Muslime wären diese anschließend in ferner Zukunft dazu fähig, erneut das Kalifat zu errichten. Der IS hingegen brüstet sich mit seiner Ideologie des offensiven Dschihad gegen den Nahen Feind und präsentiert durch seine Mischung aus Aggressivität, Stärke, Brutalität, Gewalt und Rache, dass der Nahe Feind trotz des Schutzes des Westens besiegbar ist und verkündet, dass das ersehnte Kalifat für die Muslime nicht erst in ferner Zukunft errichtet werden wird, wie AQ es predigt, sondern im Hier und Jetzt real existiert (vgl. Reuter 2015: 207; Said 2014: 65; Steinberg, 2015: 135–153; Stern, Berger 2015: 108f., 194f.).

Abgesehen davon, wen AQ und IS als prioritären Feind betrachten und mit welchen Mitteln dieser am besten zu bekämpfen sei, sind die Ziele und die zugrundeliegende Ideologie von AQ und IS sehr ähnlich. Doch nicht die Wahl des Feindes, sondern der stark veränderte *modus operandi* des IS wurde schon bei den IS-Vorläufern wie al-Qaida im Irak (AQI) zum Problem für AQ. AQ duldete weder die *takfir*-Praxis noch die allgemein brutale Umsetzung der Ideologie im Stile des IS stillschweigend. AQs oberstes Gebot war die Einheit aller Muslime zu wahren und sah durch das Vorgehen des IS und seiner Vorgänger, wie AQI, sein Gesamtprojekt gefährdet (vgl. Barrett 2014: 5; Hashim 2015: 5f.; Khatib 2015: 3, 15; Lister 2015: 9ff.; Said 2014: 66, 94f.; Saltman, Winter 2014: 22; Todenhöfer 2015: 11; Wood, 2015).

Barrett (2014: 11) und Said (2014: 65) führen aus, dass aufgrund der differenzierten ideologischen Sichtweise die Assoziation von Zarqawi und AQI mit AQ ein rein pragmatisches Bündnis war. Seit längerem aber schon sei AQ nur noch Zuschauer bei IS und habe keinen direkten Einfluss mehr auf die ehemalige Tochterorganisation. Nach Osama bin Ladens Tod im Mai 2011 habe der damalige ISI-Chef Baghdadi den neuen AQ-Chef Zawahiri im Geheimen zwar noch als neuen Befehlshaber anerkannt. Spätestens jedoch der Streit über die al-Nusra-Front von März 2013 bis Februar 2014, führte zum endgültigen Bruch der beiden Organisationen (vgl. Said 2014: 68, 81ff.; Weiss, Hassan 2015: 117). Eine erneute Versöhnung oder gar Verschmelzung mit AQ sei zwar grundsätzlich möglich, auf kurze Sicht aber sehr unwahrscheinlich. Ein mögliches Szenario wäre der Tod des AQ-Anführers, da mit dem Tod eines Anführers in dieser Szene alle zuvor geleisteten Eide (an diese Person) verfallen würden. AQ müsste dann jedoch dem formal höher gestellten Kalifat die Treue schwören (vgl. Barrett, 2014: 16; Khatib 2015: 15; Saltman, Winter 2014: 9, 33; Wood 2015).

Gemessen an den realen Erfolgen des IS lässt sich festhalten, dass der IS sowohl den ideologischen Kampf gegen AQ vorerst gewonnen als auch den Westen und insbesondere die USA als Schutzmacht der Monarchien und Regierungen im Mittleren Osten/Golf bloßgestellt hat.

3.2 Politischer Opportunismus

Der zweite Teil dieses Kapitels befasst sich nun mit der Annahme einiger Autoren, der IS habe an vielen Stellen keine klare Ideologie und bestehe größtenteils aus ehemaligen Baathisten und politischen Opportunisten. Insbesondere Reuter (2015) macht dieses letzte Argument besonders stark und widmete diesem sein gesamtes Werk.

Die Argumentation für diese Sichtweise setzt 2003 an, bei der Auflösung der Baath-Partei im Irak durch die US-Besatzer. Diese Auflösung hatte zur Folge, dass hunderte bis tausende gut ausgebildete, strategisch und administrativ erfahrene Baathisten geächtet und in den Untergrund getrieben wurden, wo sie sich mit den gegen die US-Besatzung kämpfenden Dschihadisten unter der Führung von Zarqawis al-Qaida im Irak verbündeten (vgl. Reuter 2015: 46; Rosiny 2014: 2). Obwohl der Baathismus eigentlich als säkulare Bewegung gedacht und von den Dschihadisten gerade deswegen ursprünglich verhasst war, ist die baathistische Ideologie der vereinten Araber gegen den westlichen, kolonialen Einfluss heute in der IS-Ideologie aufgegangen (vgl. Barrett, 2014: 18f.). Barrett (ebd.), der bereits sehr ausführliche Beiträge zur Erläuterung der dschihadistisch-salafistischen Ideologie des IS geleistet hat, führt einige logische Erklärungen für dieses Ideologie-Bündnis an. Erstens seien beide Ideologien geprägt von der Idee eines Neuanfangs durch die Rückbesinnung auf eine bessere Vergangenheit. Zweitens wollten beide Parteien Herrschaft erlangen. Drittens basierten beide Ideologien auf der Annahme der Herrschaft einer kleinen allmächtigen Elite. Viertens, so Barrett weiter, brauche jede politische Bewegung, wie der Baathismus, eine aussagekräftige Ideologie, die die Massen motivieren könnte.

Diese Punkte ermöglichte für beide Seiten, Dschihadisten und Baathisten, eine Win-Win-Situation. Die Dschihadisten erhielten eine ausgebildete und hoch spezialisierte, strategische Führung, während die Baathisten größtenteils zwar nicht selbst an die Ideologie der Dschihadisten glaubten, aber einen geeigneten Motivator für die Massen an die Hand bekamen.[39] Durch dieses, hauptsächlich in US-Gefängnissen geschmiedete, Bündnis erhofften sich beide, in der Region an die Macht zu gelangen. Ergänzend zu Barretts Ausführungen fügen Weiss und Hassan (2015: 123) den Faktor hinzu, dass die vorrangig sunnitischen Baathisten die Schiiten ebenso sehr hassten, wie es die Dschihadisten tun, was die Ermordung von über 150.000 Schiiten unter der Herrschaft der Baathisten und Saddam Hussein belege. Der Meinung von Barrett schließt sich zusätzlich auch Andreas Armborst (*in* Biene, Schmetz 2015: 39f.) an. Insgesamt, so Armborst, gebe der IS durch dieses Bündnis und den Einfluss der Baathisten strategischen Geboten und Notwendigkeiten den Vorrang gegenüber ideologischen Geboten und Notwendigkeiten, was den IS ganz im Gegensatz zu AQ erfolgreicher macht, die den ideologischen Geboten den Vorrang geben. Die dschihadistisch-salafistische Ideologie sei im IS also wichtig als Grundlage und Rechtfertigung der Handlung, nicht aber Teil der Handlung selbst.

Reuter (2015: 281) und teilweise auch Khatib (2015: 22) schließen sich dieser Auffassung an und weisen auf die Inkonsistenz der IS-Ideologie hin, zum Beispiel beim Verbrennen von Gefangenen. Auch Jochen Hippler (2015: 170ff.), der wie Barrett bereits mehrfach an Erklärungen zur Ideologie in diesem Kapitel beteiligt war, weist explizit auf den Einfluss von Opportunisten und Mitläufern in den Führungsriegen des IS hin, die selbst keine wahren Anhänger dieser oder irgendeiner Ideologie seien. Reuter (2015: 13) führt ähnlich aus, dass die Ex-Baathisten erfahrene Technokraten und militärische Strategen seien und durch ihre Expertise de facto die Herrschaft im IS ausüben würden, aber keine wahren Anhänger der dschihadistischen Ideologie des IS seien. Reuter spitzt dies soweit zu, dass er behauptet, die eigene Ideologie und sogar der Koran seien für den IS nur

---

39 Zur Erlärung der Einschränkung „*größtenteils*": Da es unter Saddam Hussein eine Politik der Islamisierung der Baath-Kader gab, ist davon auszugehen, dass vor allem junge Kader mittleren Ranges durchaus ideologisch anschlussfähig waren.

„Mittel zum Zweck" (2015: 13) und die einzige erkennbare Maxime sei „Machterweiterung um jeden Preis" (2015: 17). Das Vorgehen des IS, so Reuter (2015: 142ff.) später weiter, sei derart kühl und rational, dass es im Kern nichts Religiöses oder Ideologisches mehr aufweise. Man müsse davon ausgehen, dass der IS hauptsächlich von opportunistischen, ehemaligen Geheimdienstlern Saddam Husseins gesteuert werde, die nur ihre eigene Macht und ihren eigenen Profit vergrößern wollen.

3.3 Erstes Zwischenergebnis

Am Ende dieses Kapitels sollen nun die Ergebnisse zusammengetragen und die oft gestellte Frage beantwortet werden, ob der IS nun islamisch sei oder nicht. Diese undifferenzierte Frage, dies sei gleich am Anfang gesagt, ist weder gut formuliert noch eindeutig zu beantworten. Wohl aber ist die Frage zu beantworten, ob die Ideologie des IS eine islamische ist: Ja, ist sie.[40] Es lässt sich zwar nicht abschließend sagen, zu wie viel Prozent der IS nun genau in seinem Denken und Planen von einer religiösen Ideologie geleitet wird. Ebenso wenig lässt sich mit absoluter Sicherheit behaupten, dass Baghdadi und die IS-Führung wirklich an ihre eigene Ideologie glauben. Mit Sicherheit kann man aber festhalten, dass diese hier präsentierte, extremistische Ideologie ein integraler Bestandteil des *modus operandi* des IS ist (vgl. Stern, Berger 2015: 231). Einige Anhänger und Verbündete des IS, das hat der Beitrag über die Existenz politischer Opportunisten im IS offenbart, sind mit Sicherheit nicht von der Ideologie überzeugt. Hierzu zählen zum Beispiel die säkularen Baathisten, aber auch einige, mit dem IS verbündete, lokale Stämme.[41] Es gibt aber mit genauso großer Sicherheit auch jene im IS, die für eben diese dschihadistisch-salafistische Ideologie

---

40 Auch wenn die IS-Ideologie eine extreme Variante der salafistischen, daher islamischen, Lehre ist, die weder die Mehrheit der Muslime repräsentiert noch sonderlich große Autorität besitzt, so ist sie dennoch Teil des Islams. Der Islam kennt keine höchste Autorität, die eine spezifische Strömung des Islams als unislamisch ausschließen könnte. Eine Beschreibung der IS-Ideologie als *islamistisch*, welche den militanten und politischen Bezug herstellt, ist aber weitaus zutreffender und genauer.
41 Siehe hierzu den Abschnitt ‚Allianzen' in Kapitel 5.4.

mit der integralen *takfir*-Praxis mit voller Überzeugung und Eifer eintreten (vgl. Wood, 2015).

Diese Teilung der Anhänger des IS spiegelt sich auch in der Literatur wider: Bernard Haykel (in Wood 2015), Professor für Nahost-Studien in Princeton sagt, der IS betreibe die Wiederbelebung der Nachahmung des Lebens des Propheten in all seinen Facetten und würde dies mit einer „gewissenhaften, obsessiven Ernsthaftigkeit" bezüglich der wortwörtlichen Interpretation und Umsetzung tun, was auf einen großen Einfluss der überzeugten Ideologen im IS hinweist. Reuter (2015: 166, 199ff.) hält dagegen, dass der IS zwar nicht vollkommen unislamisch sei, im Kern aber keinen Glauben, sondern reines Kalkül vertrete. Menschen, so Reuter weiter, gewinne man nicht durch Bekehrung, sondern einzig durch Unterwerfung.

Andere Autoren versuchen diese Teilung zu übergehen, indem sie zusammenfassend resümieren, dass der IS nicht nur religiöser Fundamentalismus, sondern auch Rebellion gegen den Status quo in der Region und gegen den Westen sei (vgl. Saltman, Winter 2014: 35f.; Stern, Berger 2015: 233).

Trotz – beziehungsweise vielleicht gerade wegen – dieser Uneinigkeit in der Literatur, ermöglicht das Zusammenspiel der verschiedenen Betrachtungspunkte die Entstehung eines ersten Zwischenergebnisses für das zu zeichnende Gesamtbild des IS, welche sowohl die oben aufgeworfene Frage beantwortet als auch insgesamt als verlässlich gelten kann:

Die Grundlage des Handelns des IS ist eine dschihadistisch-salafistische Ideologie, mit einer so ausgeprägten *takfir*-Praxis, dass diese als integraler Bestandteil der Ideologie betrachtet werden muss. Diese Ideologie, mit ihrem apokalyptischen Leitmotiv, ihrer Notwendigkeit der Ausrufung des Kalifats und ihrem ausgeprägten Feindbild, ist eine mögliche Interpretation der Kernelemente des Islams und ist daher, trotz allem religiösem Extremismus, nicht weniger islamisch als andere, weniger extreme Interpretationen des Islams. Selbstverständlich spiegelt sich aber im Handeln des IS auch das Kalkül politischer Opportunisten und Strategen wider, welche sich ebenso selbstverständlich in den Rängen des IS wiederfinden lassen, wie in jeder anderen politischen oder militärischen Bewegung. Diese Opportunisten schaden der Ideologie aber nicht, sondern tragen vielmehr zur strategisch erfolgreichen Implementierung bei. Um die Ideologie des IS in ihrer Gesamtheit zu verstehen, darf man also nicht die Variante ‚Religiöser Extremismus' gegen die Variante ‚Politischer Opportunismus' ausspielen. Vielmehr muss man diese zunächst widersprüchlichen Sichtweisen und Standpunkte zusammenbringen und erhält dadurch abschließend kein konträres, sondern ein komplementäres Gesamtbild der IS-Ideologie: Die Ideologie existiert und bestimmt einen Großteil des Handelns, allerdings haben strategische Notwendigkeiten Vorrang vor der eigenen Ideologie. Daher stehen einige Handlungen des IS im Widerspruch zur eigentlichen Ideologie. Dadurch wird diese jedoch bei weitem nicht hinfällig, da sie zur Darstellung und Rechtfertigung der eigenen Legitimation nach außen sowie zum Großteil auch nach innen elementar für den IS ist. Gelegentlich, das haben die Köpfe des IS erkannt, ist strategische Effizienz aber wichtiger als ideologische Legitimation.

Nichtsdestotrotz spiegelt die hier offenbarte Ideologie fast wörtlich die eingangs erläuterten Annahmen der Forschung zum *Neuen Terrorismus* wieder, weshalb sie mit Blick auf das triale Spannungsfeld zwischen Terrorismus, Guerilla und Staat eindeutig dem Terrorismus zuzuordnen ist.[42]

---

42 Da erst am Ende der Studie, nach der gesamten Bearbeitung und bei der Auswertung der Ergebnisse, explizite Stärken oder Defizite der Fachliteratur im Vergleich ersichtlich werden, wird sich Kapitel 7.1.1 diesen stellvertretend und zusammenfassend widmen.

4. Organisationsstruktur – zwischen totalitärer Theokratie und Geheimdienstorganisation

Nach der Proklamation des Kalifats und der Namensänderung zu „Islamischer Staat", wurde das Programm der Terrororganisation, einen eigenen Staat zu etablieren, jedem Betrachter deutlich. Auch wenn es schon vorher Hinweise auf dieses Vorhaben gegeben hat,[43] so nahm es Ende Juni 2014 für jedermann sichtbar seine wohl endgültige Form an. Wie bereits einführend angesprochen, soll der Islamische Staat in dieser Arbeit, trotz seiner Versuche eine neue Staatsform mit altbekannten Attributen zu etablieren, als Hybrid aus Terror- und Rebellenorganisation betrachtet werden. Diese Sichtweise ergibt sich zum einen durch die nahezu einstimmige Bezeichnung als solche in der Fachliteratur, zu anderem aber auch durch die Problematik, dass es äußerst schwierig, wenn nicht gar unmöglich ist, das Staats- und Herrschaftsmodel „Kalifat" aus dem 8. Jahrhundert und die damit verbundenen Vorstellungen, wie die Nicht-Anerkennung von Grenzen, in das heutige Staatensystem nach der Westfälischen Ordnung zu integrieren.

Die Spannweite der Beurteilung der Staatlichkeitsfrage in der Literatur reicht von dem IS als Terrororganisation mit einem neu entwickelten Modell für „social governance" (Lister 2015: 25), über den IS als aufgeblähter Geheimdienstapparat, der durch Ex-Geheimdienstler gelenkt wird und durch Bespitzelung, Bestechung und Unterwanderung seine Macht als „Stasi-Kalifat" (Reuter 2015, 30) etablieren und festigen konnte, bis hin zu dem IS als de facto Staat, der ein Kernterritorium hält, eine Bevölkerung besitzt, eine Regierungsstruktur hat und nach unserem Staatlichkeitsverständnis einer totalitären Theokratie entspricht (vgl. Weiss, Hassan 2015: xiii, 31ff.). Hier setzen sich die in der Ideologie angesprochenen, unterschiedlichen Argumentationsstränge der Fachliteratur nahtlos fort. Die eine Gruppe von Autoren betonen die Rolle von Ex-Geheimdienstlern und Opportunisten, eine Andere die Funktion der ideologischen Dschihadisten. Ganz gleich, ob man individuell den IS als einen de facto Staat oder eine Organisation

---

43 Siehe ISI ab 2006. Siehe dazu Kapitel 2.2.

mit staatsähnlichem Aufbau betrachtet, um ihm entgegentreten zu können, muss die zugrundeliegende Organisationsstruktur, heißt den Aufbau seiner entwickelten Institutionen sowie seiner Führung, erkannt werden.

4.1 Die institutionalisierte und zentralisierte Hierarchie des IS

Einige Informationen lassen sich im Vorfeld der Analyse als eindeutig gesichert und verlässlich beschreiben, da die Gesamtmenge der untersuchten Fachliteratur bei diesen einer Meinung ist. Die Quintessenz dieser Informationen ist die Erkenntnis, dass der IS heute eine hochzentralisierte und stark hierarchische Führungs- und Kommandostruktur besitzt, die zunehmend institutionalisiert, nicht personalisiert ist (vgl. Barrett 2014: 19f.; Hashim 2015: 7ff.; Hippler 2015: 171f.; Khatib 2015: 17; Reuter 2015: 33; Stern, Berger 2015: 51; Todenhöfer 2015: 18; Weiss, Hassan 2015: 121).[44]

Diese Institutionalisierung begann, als die in der Chronologie und Ideologie beschriebenen Islamisten unter Omar al Baghdadi und al-Masri (ISI) das unter Zarqawi begonnene Bündnis mit Ex-Baathisten aus Militär und Geheimdienst bekräftigten, nachdem ISI in sehr kurzer Zeit sehr viele seiner bisherigen Führungsmitglieder verloren hatte. ISI konnte so seine Ränge wieder auffüllen und viele hochrangige, irakische Baathisten kamen so bis 2010 wieder an die Macht (vgl. Weiss, Hassan 2015: 121). Diese sind noch heute in der zentralen Führungsriege wiederzufinden und trugen durch ihr „professionelles Wissen in militärischer Taktik und Administration" (Mahadevan 2014: 3) beträchtlich zum militärischen Erfolg der Gruppe bei (vgl. Barrett 2014: 8f.). Lister (2015: 10ff.) ergänzt, dass mit dieser Bündnisbekräftigung die Transformation von einer reinen Terrorgruppe zu einem strukturell unabhängigen, wirtschaftlichen und politischen Akteur mit zentralen, institutionalisierten Strukturen begann, wie zum Beispiel einem ersten Kabinett, in der die zentralen Fragen und Entscheidungen diskutiert wurden.

---

44 Selbst Reuter (2015: 33), der zwar der Zusammensetzung der Hierarchie mit seiner Argumentation widerspricht, verweist auf den Aufbau und die Existenz einer institutionalisierten und zentralisierten Hierarchie (nur handelt es sich bei Reuter um eine Geheimdienst-Hierarchie).

Die Literatur ist sich zudem weitgehend einig, dass nach der Bekräftigung des Bündnisses die Baathisten die Oberhand in der Organisation bis mindestens 2010 übernahmen. Dies ist das Jahr, in dem der Baathist Haji Bakr, der zu der Zeit der Stellvertreter des ISI-Anführers Abu Omar al-Baghdadi war, Abu Bakr al-Baghdadi zum Nachfolger und neuen Anführer von ISI krönte. Dieser neue al-Baghdadi, der sich mittlerweile Kalif Ibrahim nennen lässt, schaffte es in den vergangenen fünf Jahren, seine Autorität soweit auszubauen, dass sie heute als nahezu unangefochten innerhalb der Führung des IS beschrieben wird (vgl. Barrett 2014: 19ff., 24f.; Cockburn, 2015: 44f.; Dodge, Hokayem 2014: 75ff.; Hashim 2015: 7ff.; Lüders 2015: 53, 103; Mahadevan 2014: 2f.; Stern, Berger 2015: 38, 51; Weiss, Hassan 2015: 159; Todenhöfer 2015: 14).

Barrett (2014: 19f.) sowie Weiss und Hassan (2015: 121) führen weiter aus, dass es wohl Baghdadi selbst gewesen sei, der die Organisation ab 2010 wiederbelebte und den strategischen, zunehmend institutionalisierten Ausbau der Organisationsstruktur vorantrieb. Er füllte dabei die militärische Führungsriege und seinen engsten Beraterkreis mit loyalen Irakern auf, während Nicht-Iraker nun für Medien und Propaganda sowie für Administration und Fronteinsätze zuständig waren. Die benannten loyalen Iraker waren weiterhin die Baathisten, jene erfahrenen Offiziere aus Militär und Geheimdienst der ehemaligen Hussein-Regierung. Hier ist erneut vor allem Haji Bakr zu nennen, der nach der Einfädelung der Ernennung Baghdadis, zu dessen rechter Hand und Stellvertreter ernannt wurde. Die Baathisten machen zwar auch bis heute noch den überwiegenden Teil der IS-Führungsriege aus, dennoch ist aufgrund der unangefochtenen Autorität Baghdadis, an der Spitze einer institutionalisierten Hierarchie und des exponentiellen Zuwachses an ideologischen Dschihadisten durch den rasanten Aufstieg und der Ausbreitung des IS, davon auszugehen: die Dschihadisten haben nun wieder die Kontrolle im IS übernommen.

Die in der Literatur am häufigsten dargestellte, hierarchische und stark zentralisierte Organisationsstruktur einer totalitären Theokratie soll aufgrund seiner überwiegenden Darstellung als erstes präsentiert werden, bevor sich der zweite Teil dieses Kapitels im Anschluss mit der Narrative der Geheimdienststruktur beschäftigen wird.

4.2 Der IS als totalitäre Theokratie

Diese Darstellung der IS-Organisationsstruktur ist die in der Fachliteratur am häufigsten Wiedergegebene. Sie beschreibt eine hierarchische, staatsähnliche Struktur, an deren Spitze Abu Bakr al-Baghdadi als Kalif Ibrahim steht. Dieses Kapitel beleuchtet die Hierarchie von oben nach unten, weshalb nun zunächst die erste Ebene der Hierarchie und damit Baghdadi selbst, der seit 2010 an der Spitze der Hierarchie steht sowie seine Stellvertreter vorgestellt werden.

Grundsätzlich ist der Anführer und ernannte Kalif des IS Abu Bakr al-Baghdadi vor der Kalifats-Ausrufung ideologisch und theologisch nicht groß in Erscheinung getreten, berichtet Lüders (2015: 89). Es ist gesichert, dass er in Bagdad im Feld der Islamischen Studien studiert hat und zumindest eine Zeitlang als Imam tätig war (vgl. Reuter 2015: 53). Was er jedoch genau studiert und ob er einen Abschluss oder sogar einen Doktortitel in Islamischen Studien hat, ist in der Literatur einer der umstrittensten Punkte und daher nicht abschließend eindeutig zu klären.[45] Doch auch wenn es ungewiss ist, was für eine Ausbildung oder Abschluss Baghdadi letzten Endes besitzt, sein Auftritt als Kalif in Mosul, bei welchem er ein „aktzentreiches und wortreiches Hocharabisch" (Steinberg 2015: 73) sprach, weist auf eine lange und gute religiöse Ausbildung hin. Dies stellt ihn im qualitativen Vergleich, bezogen auf religiöse Autorität, zumindest höher als den Geschäftsmann Osama bin Laden oder seinen Nachfolger, den Chirurg Aiman al-Zawahiri (vgl. Lister 2015: 34–5; Reuter 2015: 194; Stern, Berger 2015: 37).

Über die Geschichte Baghdadis ist aber auch sonst kaum gesichertes Wissen vorhanden und nahezu sein kompletter Lebenslauf ist umstritten. Sicher ist nur, dass er militärisch vorher nie in Erscheinung getreten ist, dass er jetzt Anführer des IS ist und es geschafft hat seine Macht und Autorität zu festigen und auszubauen (vgl. Barrett 2014: 26ff.). Früher, so Stern und Berger (2015: 35ff.), habe Baghdadi bereits großes Interesse an religiösen

---

45 Neben der Frage nach geeigneten Gegenmaßnahmen ist die Frage nach der konkreten Ausbildung Baghdadis einer der umstrittensten Punkte, über den die Fachliteratur nahezu genau zweigeteilt berichtet. Aufgrund der Vielzahl, aber auch aufgrund des Mangels an Relevanz für das Gesamtbild sowie für die weitere Forschung, werden hier nicht alle Autoren zitiert.

Studien gehabt, was sein Studium wiederum belegt. Allerdings scheint er mit der Zeit immer reaktionärer und extremer geworden zu sein, so dass seine engen Kontakte zu anderen Dschihadisten Baghdadi schließlich in das US-Gefängnis ‚Camp Bucca‘ gebracht haben. Stern und Berger (ebd.) urteilen, dass die US-Gefängnisse im Irak, allen voran Camp Bucca, als Rekrutierungscenter der heutigen IS-Führung verstanden werden müsse, da sämtliche Lebensläufe der IS Führung parallele Aufenthalte in diesen Gefängnissen aufzeigen. Baghdadi selbst, so berichtet es Steinberg (2015: 74), fiel im Gefängnis aber weder als wichtiger Dschihadist noch als Führungsperson auf, jedoch brachten ihm wohl seine Vermittlerfähigkeiten die Aufgabe zu, zwischen Insassen des Gefängnisses als Problemlöser zu vermitteln. Weiss und Hassan (2015: 117ff.) vervollständigen diesen Bericht mit dem Verweis, dass Baghdadi so ein großes Netzwerk an Vertrauten, unter ihnen auch viele Baathisten, aufbauen konnte. Sie führen aber weiter aus, dass Baghdadi trotz seiner persönlichen Überzeugung als extremer Salafist bereits vor dem Sturz Saddam Husseins enge Kontakte zu den eigentlich säkularen Baathisten gehabt haben muss, da er ohne Kontakte zu diesen zu der Zeit nicht einmal in Bagdad Islamische Studien hätte studieren können.

Nach seiner Entlassung aus der US-Gefangenschaft schloss sich Baghdadi direkt ISI an und wurde schließlich 2010, nach dem Tod von Abu Omar al-Baghdadi zum neuen Anführer ernannt. Welche Argumente Haji Bakr letztlich dazu bewegten, Baghdadi als Anführer vorzuschlagen, ist nicht eindeutig belegt, da zwei konkurrierende Versionen existieren: Die erste Version besagt, Baghdadi sei neuer Anführer geworden, da er vom Qurayshi-Stamm abstamme,[46] er bereits Mitglied im Schura-Rat gewesen sei sowie eine angemessene religiöse Autorität besaß und noch verhältnismäßig jung war (vgl. Stern, Berger 2015: 37; Weiss, Hassan 2015: 120). Die zweite Version berichtet, dass Baghdadi bis zu seiner Ernennung als Anführer nur von mittlerem Rang gewesen sei, sein Haus aber für Geheimtreffen zur Verfügung stellte. Hierdurch hätte er Kontakt zu den hohen

---

46 Ob er, wie vom IS gerne und oft propagiert wird, und wie der IS es auch schon bei seinem Vorgänger Abu Omar al-Baghdadi propagiert hat, wirklich Mitglied des Qurayshi-Stammes ist und damit vom Propheten abstammt, ist ungewiss und konnte noch nie von unabhängiger Seite überprüft werden (vgl. Reuter 2015: 191; Barrett 2014: 26ff.).

Führungsmitgliedern von ISI aufbauen und gleichzeitig wissen können, bei welchen Personen Macht und Entscheidungsbefugnisse lagen. Dadurch konnte er nach und nach selbst aufsteigen (vgl. Weiss, Hassan 2015: 199). Die Ungewissheit über die Identität und Absicht des ursprünglichen Autors der zweiten Version, entkräftigt allerdings deren Glaubwürdigkeit.

Wie bereits berichtet, hat Baghdadi es aber vermutlich auch aufgrund seiner Vermittlerfähigkeiten geschafft, seine Machtposition und Autorität als Anführer soweit auszubauen, dass er nun unangefochten an der Spitze der Hierarchie des IS steht.

Baghdadi hat in der Hierarchie des IS zwei offizielle Stellvertreter, einen für den Irak und einen für Syrien. Abu Abdul-Rahman al-Bilawi war Baghdadis Stellvertreter für den Irak und Vorsitzender des Militärrates bis zu seinem Tod im Juni 2014 (vgl. Steinberg 2015: 108f.; Weiss, Hassan 2015: 124). Danach übernahm Abu Muslim al-Turkmani die Position des Stellvertreters im Irak. Der Stellvertreter Baghdadis in Syrien und Vorsitzender des Sicherheits- und Geheimdienstrates war der schon oft angesprochene Haji Bakr bis zu seinem Tod im Januar 2014. Er wird in der Fachliteratur als großes Organisationstalent und Architekt des heutigen IS beschrieben. Neben seinem bereits erwähnten Erfolg, der Ernennung Baghdadis zum neuen Anführer, waren sein großes persönliches Netzwerk sowie seine Erfahrungen und Kenntnisse des Iraks und der irakischen Armee wesentlich für den Erfolg des IS (vgl. Barrett 2014: 24f, 31.; Reuter 2015: 165; Steinberg 2015: 108f.). Seine Position als Stellvertreter übernahm Abu Ali al-Anbari. Sowohl die zwei ehemaligen Stellvertreter als auch deren zwei Nachfolger waren allesamt hochrangige Militärs oder Geheimdienstoffiziere in Saddam Husseins Baath-Partei (vgl. Barrett 2014: 28f.; Weiss, Hassan 2015: 124f.). Grundsätzlich geben die beiden Stellvertreter sowie Baghdadi die übergeordnete Strategie vor, welche dann abwärts durch die Ebenen der Hierarchie weitergegeben und umgesetzt wird, wobei jede Ebene gewisse Freiheiten bei der Umsetzung genießt. So führt Barrett (2014: 29) das belegte Beispiel an, es werde zwar vorgegeben was angegriffen wird, zu welcher Zeit und in welcher Form der Angriff aber erfolgt, sei letztlich den zuständigen Kommandeuren vor Ort überlassen (Barrett, 2014: 29).

Der Schura- und der Scharia-Rat bilden die zweite offizielle Ebene der Hierarchie. Der Schura-Rat hat Barrett (2014: 29f.) zufolge 9–11 Mitglieder und ist das höchste, den Kalifen beratende und informierende Organ. Es ist in etwa gleichzusetzen mit einem Ministerkabinett und sorgt dafür, so Barrett weiter, dass Befehle die Hierarchie hinab weitergegeben und ausgeführt werden, bevor dem Kalifen anschließend darüber Bericht erstattet wird. Der Schura-Rat erlässt zudem Gesetze und sorgt für deren Implementierung. Hier hat er überschneidende Kompetenzen mit dem Scharia-Rat. Er setzt sich aus Baghdadi sowie seinen Stellvertretern und den Vorsitzenden der wichtigsten, untergeordneten Räte zusammen. Steinberg (2015: 110) ergänzt, dass es allerdings unklar ist, ob und wie dieses Gremium physisch zusammentrifft. Barrett (2014: 25) berichtet, dass Haji Bakr 2010 den Vorsitz innehatte, weshalb dieser in der Position war, die Ernennung Baghdadis als neuen Anführer einzufädeln. De facto übernimmt der Schura-Rat die weltliche Führung des IS.

Der Scharia-Rat ist das mächtigste Organ im IS und übernimmt de facto die geistliche Führung. Er hat, so Barrett (2014: 30), sechs Mitglieder und sorgt für die Umsetzung und strikte Einhaltung der eigenen Interpretation der Scharia. Baghdadi ist Vorsitzender des Scharia-Rates und legt damit die Ideologie sowie religiöse Gesetze und das Strafmaß fest. Der Scharia-Rat hat eine eigene Scharia-Polizei, die parallel zur zivilen Polizei arbeitet sowie eigene Büros bis hinunter auf die lokale Ebene. Außer dem Vorsitz durch Baghdadi ist über die weitere Zusammensetzung, so Barrett, nichts bekannt. Dieses Gremium erlaubt es Baghdadi aber zu großen Teilen allein zu herrschen.

In der dritten Ebene der Hierarchie sind zuallererst der Sicherheits- und Geheimdienstrat sowie der Militärrat aufgrund ihrer herausgehobenen Position zu nennen.

Der Sicherheits- und Geheimdienstrat sind möglicherweise auch zwei separate Räte, doch dies ändert nichts an ihren Funktionen oder der hierarchischen Anordnung (vgl. Barrett 2014: 31). Dieser Rat ist, ähnlich zu Geheimdiensten in anderen totalitären Regimen, zuständig für die Sicherheit der IS-Führung und für die Kontrolle der Bevölkerung durch totale Überwachung sowie für die Durchführung von Attentaten auf alle Gegner, so Barrett weiter. Es ist wahrscheinlich, dass Baghdadis Stellvertreter für Syrien al-Anbari hier den Vorsitz innehat, da er Haji Bakrs Nachfolger wurde. Die genaue Macht und die Funktion dieses Rates wird in der Fachliteratur, insbesondere bei Reuters Argumentation der Geheimdienstorganisation, stark diskutiert.

Der Militärrat ist zuständig für die tagtäglichen Operationen und die Planung der zukünftigen militärischen und strategischen Entwicklung des IS. Wie bereits erwähnt, war Baghdadis Stellvertreter für den Irak, al-Bilwai, bis zu seinem Tod im Juni Vorsitzender dieses Rates, weshalb er auch noch verantwortlich für die Planung der Mosul-Offensive war. Abu Ayman al-Iraqi oder Abu Ahmad al-Alwani sind nach dessen Tod Vorsitzender des Militärrates geworden, möglicherweise teilen sie sich auch diesen Posten. Abu Omar al-Shishani soll ebenfalls Mitglied im Militärrat und potenzieller Nachfolger für den Vorsitz sein. Dies ist erwähnenswert, da er als Tschetschene aus Georgien und einziger Nicht-Iraker so weit oben in der Hierarchie auftaucht. Er ist als militärischer Kommandeur zuständig für alle Ausländer und sehr erfolgreich auf dem Schlachtfeld, weshalb die Führung aber wahrscheinlich will, dass er dort verbleibt (vgl. Barrett, 2014: 31f.; Weiss, Hassan 2015: 125ff).[47]

Ebenfalls in der dritten Ebene der Hierarchie, aber an Bedeutungsrang niedriger, sind der Provinzrat, der Medienrat sowie der Finanzrat und der Rat für Stammesangelegenheiten.

Der Provinzrat ist der Rat der Provinzgouverneure unter dem Vorsitz von Baghdadis Stellvertretern für Irak al-Turkmani und für Syrien al-Anbari. Die 18 Provinzen oder im IS-Sprachgebrauch „Wilayat" (Stern, Berger 2015: 51) besitzen intern eine Struktur, die die bürokratische Zentralstruktur widerspiegelt. Jedoch, so Barrett (2014: 34), haben der Sicherheitsrat und der Militärrat, sowie bereits erwähnt der Scharia-Rat, parallel zu der hierarchischen Zentralstruktur, jeweils eine eigene Hierarchie aufgebaut und daher eigene Stellvertreter und Büros in jeder Provinz. Letztlich regiert so in jeder Provinz oder Stadt ein Gouverneur, dem ein Scharia-, ein Sicherheits- und ein Militärkommandeur zur Seite gestellt sind. Barrett (2014: 29) und Lister (2015: 34f.) berichten, dass sich diese institutionalisierte, bürokratische Organisationsstruktur durch alle Ebenen zieht – von der zentralen Hierarchie, über die regionalen Provinzen bis hin in die lokale Verwaltung. Eine extrem ausgeprägte, professionelle Berichtsstruktur,

---

47 Nachtrag: Abu Omar al-Shishani starb, laut den USA, am 14. März 2016 nach US-Luftangriffen auf Raqqa (vgl. Schmitt, Schmidt 2016). Sein Tod wurde im Juli 2016 vom IS bestätigt, auch wenn der IS andere Daten und Umstände angibt (vgl. BBC 2016).

sowohl militärisch als auch wirtschaftlich, spiegele dabei den Selbstanspruch des IS, ein Staat zu werden, wider.

Der Medienrat untersteht Barrett (2014: 52f.) zufolge Abu Amr al-Shami und Abu Mohammed al-Adnani, dem offiziellen Sprecher des IS.

Überdies gäbe es, so Barrett (2014: 31ff., 41), einen weniger bekannten Finanzrat sowie einen Rat für Stammesangelegenheiten und weitere Führungspersonen, wie die einzelnen Gouverneure, die aber weder namentlich bekannt noch sonst wie in Erscheinung getreten sind. Barrett zufolge werde zudem versucht, die Gouverneure daran zu hindern, eine eigene Machtbasis in ihren Provinzen aufzubauen.

Der gesamte Aufbau der Hierarchie entspricht der Struktur eines autoritären Regimes. Da der Einfluss der religiös motivierten Ideologie sowohl in Organisationsstruktur als auch im Handeln des IS wiederzuerkennen ist, und ebenfalls die Implementierung dieser Ideologie in Organisationsstruktur und Alltagsleben[48] aktiv vorangetrieben wird, lässt sich bereits von einer totalitären Herrschaft sprechen. Die Form der Herrschaft wiederum ergibt sich aus der IS-eigenen Legitimation durch eine religiöse Kalifats-Ideologie, die religiöses und politisches Oberhaupt in einem Amt vereint, wodurch diese Form der Herrschaft als Theokratie zu beschreiben wäre. Es zeichnet sich daher das vorläufige organisationsstrukturelle Bild einer totalitären Theokratie ab.

4.3 Der IS als Geheimdienstorganisation

Die zweite existierende Narrative zur Organisationsstruktur des IS in der Fachliteratur geht von der Annahme aus, dass der soeben vorgestellte Sicherheits- und Geheimdienstrat in Wahrheit die Geschicke des IS leite und die gesamte vorgestellte Hierarchie, einschließlich des Kalifen, einzig der Tarnung der wahren Struktur diene. Allen voran tritt Reuter ausführlich für diese Perspektive ein, jedoch wird das generelle Argument, dass die Struktur und die Verantwortungsverteilung und Überwachungstechniken des IS an vielen Stellen einem Geheimdienst ähneln, von vielen Autoren der Fachliteratur geteilt.

---

48 Nähere Informationen dazu in der Kategorie ‚Handlungsform'.

So berichten Weiss und Hassan (2015: xv, 211) von mafiösen Strukturen und einem riesigen Sicherheitsapparat, der die Führung des IS vor einer Infiltration von außen schützen soll. Ebenso weisen auch Stern und Berger darauf hin, dass Baghdadis höchste Priorität seine eigene Sicherheit sei, weshalb er auch nur einmal öffentlich auftrat und bis dahin selbst aus den eigenen Reihen nur als der „unsichtbare Scheich" (2015: 38) bezeichnet wurde.

Niemand aber baut diese Perspektive argumentativ weiter aus als Reuter, der von einem „Stasi-Staat" (2015: 30) spricht, nachdem er die geheimdienstlichen Strukturen des IS untersucht hat. Dessen territoriale Ausdehnung sei strategisch von den Ex-Geheimdienstlern Saddam Husseins geplant gewesen und selbst Baghdadi sei nur nominell als Führungsperson eingesetzt worden (vlg. Reuter 2015: 30, 205). Zusätzlich, hinter der offiziellen Hierarchie, sei ein Netzwerk aus Spitzeln aufgebaut worden, um ganze Ortschaften und Dörfer auszuspionieren und um herauszufinden, welche Personen Entscheidungsträger sind. Diese Personen seien gezielt infiltriert worden, um Einkommensquellen und mögliche Erpressungsgründe herauszufinden (vgl. Reuter 2015: 31). „Überwachungen, Spionage, Morde, Entführungen" (Reuter 2015: 32) seien das IS-Tagesgeschäft und mehrere Geheimdienste würden in der Organisationsstruktur des IS parallel existieren und sich auch gegenseitig überwachen und ausspionieren. Dem letzten Argument schließen sich, wie anfangs erwähnt, Weiss und Hassan (2015: 211) an, die bereits von einem riesigen Sicherheitsapparat sprachen, in dem religiöse, militärische und lokale Geheimdienstnetzwerke parallel arbeiten. Auch das offizielle islamische Missionierungsbüro des IS ist nach Reuter (2015: 31ff.) nur Tarnung, um unter dem Deckmantel der Missionierung weiter spionieren zu können. Die einfachen Fußsoldaten seien planlose Schachfiguren, da jeder einzelne immer nur seine direkten Vorgesetzten kenne und dadurch stetig ersetzbar bleibe. Dies ziehe sich, so Reuter weiter, durch alle Ebenen und Geheimdienste und mache erst vor der obersten Führungsriege halt. Selbst die Ausrufung des Kalifats war nach Reuter (2015: 20ff.) nur ein strategischer Schachzug, der der Masse der zivilen und militärischen Streiter die Gefolgschaft erleichtere. Dass nach der Übernahme von Mosul allerdings viele hohe Ex-Baath-Funktionäre verschwunden und im Geheimen ermordet wurden, führt Reuter (2015: 189) darauf zurück, dass jene Ex-Baathisten, die mittlerweile als Führungszirkel des IS eine neue Machtbasis aufgebaut hatten, ihre neu gewonnene Macht nicht mit ihren ehemaligen Kollegen teilen wollten.

Diesem Argument schließen sich wiederum al-'Ubaydi et al. (2014: 75) vom *Combating Terrorism Center* an, die das Verschwinden dutzender ehemaliger Spitzenfunktionäre der Baathpartei nur mit dem Machterhalt der Ex-Baathisten in der IS-Führung erklären können. Auch wenn al-'Ubaydi und seine Kollegen, den Argumentationsstrang, der IS sei nur ein aufgeblähter Geheimdienstapparat der ehemaligen Hussein Generalität, nicht so exzessiv verfolgen wie Reuter, so weisen doch auch sie auf mehrere Indizien für eine sehr ausgeprägte Geheimdienststruktur hin (vgl. Al-'Ubaydi et al. 2014: 74ff.).

4.4 Zweites Zwischenergebnis

Grundsätzlich unterscheidet sich Reuter mit seiner Position sehr von der ersten Narrative: So sagt er (2015: 257f.), im IS werde nicht durch eine institutionalisierte, bürokratische Organisationsstruktur geherrscht, sondern einzig durch Kontrolle und Gewalt: Kontrolle durch Spitzel, die wie ein Geschwür jede Faser der Gesellschaft durchdringen; und Gewalt durch äußerste Brutalität gegen Feinde im Inneren und nach außen. Der kleine Kreis von Ex-Geheimdienstlern Saddam Husseins halte dabei alle Fäden in der Hand, so dass auch Schura- und Scharia-Rat nichts als leere Hüllen seien. Eine Verwaltung oder öffentliche Ordnung, so Reuter weiter (2015: 260ff.), sei gar nicht nötig, da die Menschen aus Angst ohnehin zu Hause blieben und leere Straßen durch die tausenden Spitzel leicht zu kontrollieren seien. Insgesamt, so urteilt Reuter (2015: 136), sei durch die Perfektion strategischer Planung Saddam Husseins Geheimdienststaat mit einigen derselben Funktionäre in Form des Islamischen Staates wiederbelebt worden.

So einseitig Reuters Argument auch im ersten Moment sein mag, in vielen Punkten überschneidet es sich mit den zusammengetragenen Argumenten der anderen Narrative. So bestätigt auch Reuter (2015: 53ff.), wenn auch aus anderen Gründen, dass Baghdadi 2010 durch die Planung von Haji Bakr zum Anführer erklärt wurde. Reuter führt weiter aus, dass auch die Einrichtung eines Kabinetts und die Benennung von Gouverneuren erfolgte, jedoch seiner eigenen Argumentation folgend nur, um den Anschein eines alternativen Staates für die Massen zu wahren. In Wahrheit würde der IS

von einer Handvoll alter Bekannter und Freunde aus der ehemaligen irakischen Baathpartei geführt. Doch auch hier gibt es eine Überschneidung mit
der ersten Narrative, da hier gleichfalls von dem großen Einfluss der Ex-
Baathisten und der rein irakischen Führungsriege gesprochen wird. Ebenfalls verweisen erste und zweite Narrative auf parallel arbeitende zentrale,
religiöse und militärische Geheimdienste.

Auch wenn Reuter sein Argument sehr zuspitzt, ist es auf Grundlage
der gesammelten Erkenntnisse und der Überschneidung mit anderen Argumentationssträngen nicht grundsätzlich falsch. Als gesichert und verlässlich
lässt sich damit festhalten, wie es Stern und Berger (2015: 11) formulierten,
dass der IS strukturell betrachtet ein irakischer Hybrid aus Terror- und
Rebellengruppe ist, oder mit Hipplers (2015: 170) Worten, eine „politisch-
militärische Großorganisation" mit para-staatlichen Strukturen.[49]

Als klar und verlässlich, da von beiden Narrativen geteilt, ist eine institutionalisierte, nicht personalisierte und zentralisierte Hierarchie auszumachen,
die sich aus quasi-staatlichen Institutionen, den Räten, zusammensetzt. An
der Spitze dieser Pyramide steht Baghdadi als Kalif, dem wiederum zwei
Stellvertreter je für den Irak und für Syrien unterstellt sind. Die zweite Ebene
der Hierarchie wird von dem weltlichen Kontrollgremium, dem Schura-
Rat und dem geistlichen Kontrollgremium, dem Scharia-Rat, ausgefüllt.
Dem Schura-Rat als oberstes Beratungs- und Verwaltungsgremium sind
die weiteren aufgeführten Räte unterstellt, wobei nahezu jedes Mitglied im
Schura-Rat den Vorsitz über einen niedriger gestellten Rat hat. Diese Räte
bilden die dritte Stufe der Hierarchie. Die Gouverneure der Provinzen sind
abschließend den zwei Stellvertretern Baghdadis direkt unterstellt.

Den Ausführungen zur Hierarchie, aber besonders denen zur Geheimdienstorganisation, ist zu entnehmen, dass dem Sicherheits- und

---

49 Hippler lehnt die Bezeichnung Terrororganisation ab, da er deren Definition,
die primäre Absicht zu haben, Unbeteiligte aus politischen Gründen zu töten
oder zu verletzen, nicht erfüllt sieht. Er führt aus, dies sei nur ein Teil der Praxis,
da der IS gleichzeitig auch einen Guerillakrieg führe, eine Aufstandsbewegung
sei und zusätzlich eine reguläre Kriegsführung betreibe. Zudem sei der IS auch
eine soziale und religiöse Bewegung, die Massen mobilisiere, den Verkehr und
soziales Leben regele sowie Infrastruktur, Justiz und Wirtschaft aufbaue. Daher
stelle der IS „in zwei Staaten die Machtfrage, was die Fähigkeiten einer Terrororganisation weit übersteigt." (Hippler 2015: 169ff.).

Geheimdienstapparat eine große Bedeutung innerhalb der Hierarchie zugemessen werden muss. Da der Scharia-Rat definitiv auf der zweiten Ebene der Hierarchie auszumachen ist und einen eigenen Geheimdienst besitzt, ist es ebenso möglich, den Militär- sowie Sicherheits- und Geheimdienstrat auf der zweiten Ebene der Hierarchie anzusiedeln. Die Organisationsstruktur, nach der in jeder Provinz oder Stadt ein Gouverneur regiert, dem wiederum ein Scharia-, ein Sicherheits- und ein Militärkommandeur zur Seite gestellt sind, unterstreicht diese Möglichkeit ebenso.

Auch wenn die finale Zuordnung dieser beiden Räte nicht bis ins letzte Detail aufgeklärt werden kann, so kann dennoch abschließend ein verlässliches und klares Gesamtbild der Organisationstruktur als zweites Zwischenergebnis präsentiert werden, in dem sich beide Narrative ohne Abzüge wiederfinden. Der IS hat eine Organisationsstruktur geformt, welche der hierarchischen Struktur von totalitären Regimen gleicht. Würde man den IS als Staat betrachten, könnte man im Falle des religiös-ideologisch selbstlegitimierten IS daher von einer totalitären Theokratie sprechen. Zudem besitzt der IS eine ausgeprägte, mehrfache Geheimdienststruktur, die parallel zur Hierarchie verläuft. Dies ist, angesichts der Vergleichbarkeit zu totalitären Regimen, nicht wirklich verwunderlich und bestätigt eher die Vergleichbarkeit als dieser zu widersprechen. Eine weitere wichtige Erkenntnis ist, dass die Organisationsstruktur zunehmend institutionalisiert und nicht personalisiert wird. Mit einem erneuten Blick zurück auf den theoretischen Rahmen und auf die Frage nach der Verortung des IS im trialen Spannungsfeld zwischen Terrorismus, Guerilla und Staat, lässt sich hier festhalten, dass der IS hinsichtlich seiner Organisationsstruktur deutlich stärker als Guerillaorganisation auszumachen ist, denn als Terrororganisation. Die zentralisierten, hierarchischen Strukturen lassen hier wenig Spielraum für Spekulationen. Der Versuch diese Strukturen dem strukturellen Aufbau eines totalitären Staates anzugleichen, entspricht dem Selbstanspruch des IS, ist aber kein hinreichendes Kriterium, um die Organisationsstruktur als staatlich zu identifizieren.

5. Handlungsform – von militärischer Strategie und ziviler Ordnung, Finanzen und Allianzen

Um die Handlungsform des IS zu erklären, werden in der Fachliteratur viele passende Vergleiche gebracht, vom Handlungs- und Kommandomuster der Hisbollah und ihrer „Clear, hold, build-Strategie" (Barrett 2014: 37), über die Taliban (Khatib 2015: 3), bis hin zu einer maoistischen Guerilla-Organisation (Lister 2015: 51). Trotz dieser simplifizierenden Vergleiche lässt sich eine übergeordnete Strategie in der Handlungsform des IS als verlässlich ausmachen: In einem ersten Schritt wird bestehendes Chaos, zum Beispiel konfessionelle Spannungen, soweit angeheizt und gefördert, dass es im zweiten Schritt nur einen gezielten militärischen Schlag braucht, um sich den Sieg zu sichern. Im finalen dritten Schritt präsentiert sich der IS im Anschluss an den Sieg als Stabilitäts- und Ordnungsbringer (vgl. Hashim 2015: 9; Khatib 2015: 8; Lister 2015: 31f.; Said 2014: 66).

Der IS versucht, in der zum Teil selbst geschaffenen Gunst der Stunde, den Status quo in der Region durch eine neue Ordnung zu ersetzen. Diese neue Ordnung ist nicht identifizierbar als *Islamischer Staat*, welcher schon von vielen anderen Gruppen zuvor, in anderen Regionen der Welt, errichtet oder zu errichten versucht wurde. Vielmehr ist die neue Ordnung des IS eine neue Form von Governance, mit einem eigens ausgearbeiteten, zentralen Handlungsmodell: Herrschaft durch totale Überwachung und Kontrolle sowie einer Brutalität, die ihresgleichen sucht (vgl. Al-'Ubaydi et al. 2014: 27ff.; *Holger Marcks in* Biene, Schmetz 2015: 25; Khatib 2015: 6ff.; Reuter 2015: 249ff.). Als Grundlage des Handelns spiegelt sich die bereits oben erarbeitete Ideologie wider.[50]

Der IS betreibt den Versuch staatlichen Charakter anzunehmen und muss dafür nun de facto Herrschaft ausüben und eine Administration aufbauen,

---

50 Hier sei erneut an die Kernbestandteile der Ideologie erinnert, die Ausbeutung des Schismas zwischen Sunniten und Schiiten, die Takfir-Praxis gegen Feinde oder schier unliebsame Personen und die Motivation der Anhänger durch Endzeit-Narrative und Ausrufung des Kalifats.

um die circa 6–8 Millionen Menschen in einem Gebiet von der Größe Großbritanniens verwalten und versorgen zu können (vgl. Barrett 2014: 8; Hippler 2015: 170f.). Welche Form das Handeln des IS, mit seinen circa 30.000 Kämpfern und genauso vielen zivilen Helfern (vgl. Hippler 2015: 171; Lister 2015: 26; Reuter 2015: 275) dabei annimmt, soll in den folgenden vier Unterkategorien erörtert werden: militärische Strategie, zivile Ordnung, Finanzen und Allianzen.

5.1 Militärische Strategie

Charakteristisch für das militärische Handeln des IS sind die Häufigkeit der Angriffe sowie die Entschlossenheit und die Letalität, mit der diese Angriffe durchgeführt werden (vgl. Barrett 2014: 35; Hashim 2015: 9). Der IS nutzt bei seinen Attacken das gesamte bekannte Spektrum der Kriegsführung aus: von Terrorangriffen, über Guerilla-Taktiken, von Rebellen und Milizen bis hin zur konventionellen Kriegsführung mit Frontalangriffen (vgl. Barrett 2014: 36; Hashim 2015: 10; Rosiny 2014: 4). Lister (2015: 28ff.) führt aus, dass Terror als erste Säule dieser Strategie hauptsächlich destabilisierend und Chaos stiftend wirken soll, während Guerilla-Taktiken als zweite Säule der militärischen Operationen Versorgungswege abschneiden und die Moral der Feinde nachhaltig brechen sollen, um dann mit der dritten und finalen Form des militärischen Handelns, dem konventionellen Angriff, zuschlagen und schnell siegen zu können.[51] Diese drei Arten der Kriegsführung parallel zu verwenden und zu kombinieren, ist die entscheidende militärische Innovation des IS. Die gefährliche Mischung aus extremer religiöser Ideologie und militärischem Genie, so Cockburn (2015:8), machen den IS zu einem extrem potenten Gegner, der aber auch nicht omnipotent ist, wie Al-'Ubaydi et al. (2014: 46) und Steinberg (2015: 119f.) mit den Niederlagen in Kobane und Erbil verdeutlichend festhalten.

Grundsätzlich sind darüber hinaus Loyalität und Disziplin der Truppen oberste Prämisse im IS (vgl. Reuter 2015: 133ff.; Said 2014:108; Weiss, Hassan 2015: 161f., 186), weshalb alle Rekruten ein mehrwöchiges, erst

---

51 Als Beispiel wird hierfür mehrmals, in unterschiedlicher Literatur, die Eroberung Mosuls an nur einem Tag und die Eroberung des Nordiraks innerhalb weniger Tage genannt (vgl. Cockburn 2015: 11; Hippler 2015: 168; Lister 2015: 30; Reuter 2015: 171ff.; Rosiny 2014: 4; Said 2014: 99).

religiöses, dann militärisches Training absolvieren müssen. Im Anschluss müssen sie sich eine Zeitlang als Wachposten behaupten, bevor sie erstmals an der Front eingesetzt werden (vgl. Khatib 2015: 18; Lister 2015: 26ff.; Todenhöfer 2015: 201). Diese Ausbildung und das dazukommende hohe Maß an Kontrolle und Geheimhaltung im Vorfeld von Operationen trage, so Barrett (2014: 37), die klare Handschrift der Baathisten. Gebiete von strategischem Interesse bezüglich Infrastruktur und Versorgung werden prioritär behandelt (vgl. Said 2014. 58f.).[52] Steinberg (2015: 118f.) und Barrett (2014: 35f.) führen hier explizit die Kornspeicher von Kobane, Ölfelder und Staudämme für Wasser und Strom sowie generell den fruchtbaren Norden Syriens als strategische Ziele in der Vergangenheit an.

Das taktische Vorgehen des IS zielt auf die Ausnutzung des gesamten Spektrums der Kriegsführung ab und lässt sich in einem relativ übersichtlichen, aber strategisch ausgereiften Bauplan darstellen: Die ersten Schritte einer Operation sind akribisches Studieren und Ausspionieren der Feinde im Untergrund. Als zweites erfolgt, nach langer strategischer Planung, eine kurze, harte Offensive (vgl. Reuter 2015: 208f., 251), wobei vorher implementierte „Schläferzellen" (Weiss, Hassan 2015: 212f.) aktiviert werden. Der IS steigert während der ersten Phase der Operation zunehmend seine Terroraktivitäten, zum Beispiel durch die gezielte Ausschaltung von Kommandeuren und Offizieren (vgl. Barrett 2014: 35; Reuter 2015: 124, 150f.; Said 2014: 71ff.). Gleichzeitig beginnt der IS guerillaartig konstanten Druck an allen Fronten auszuüben, um den Gegner zu überfordern und abzulenken, so dass dessen Truppen verteilt und geschwächt sind, wenn der IS zum finalen Schlag aushohlt. Dieser ist meist eine groß angelegte Überraschungsoffensive, mittels der strategisch wichtige Städte und Provinzen mit einem Streich erobert werden sollen (vgl. Al-ʿUbaydi et al. 2014: 37ff.; Cockburn 2015: 12ff.; Lister 2015: 30f.; Mahadevan 2014: 2f.). Dass auch während der abschließenden Offensive Selbstmordattentäter in die organisierten Infanterieangriffe strategisch eingebettet sind, ist eine weitere Innovation des IS, welche maßgeblich zu dem bisherigen Siegeszug beigetragen hat.

---

52 Hier ist der Verweis zu den in der Ideologie erarbeiteten Opportunisten und Strategen angebracht, deren Devise ,strategische Notwendigkeit vor ideologischer Notwendigkeit' an dieser Stelle klar zum Ausdruck kommt.

Weiterhin lassen sich militärische Handlungsformen des IS erkennen, die das vorrangige Ziel haben, die Moral der Gegner zu brechen und Chaos zu verursachen. Hierzu zählen vor allem Scheinallianzen, Kindersoldaten – und insbesondere Kinder-Selbstmordattentäter – sowie als Rebellen getarnte IS-Kämpfer in den Reihen der Gegner (vgl. Barrett 2014: 36; Khatib 2015: 18; Reuter 2015: 155ff., 261f.). Als herausragende Operationen lassen sich „Breaking the Walls", die Erstürmung von Gefängnissen im Irak zur Befreiung eigener Kämpfer und Kommandeure, und „Soldiers Harvest", die Unterwanderung und Spionage sowie die gezielte Ausschaltung von Kommandeuren und Offizieren der irakischen Armee, identifizieren (vgl. Cockburn 2015: 74; Lister 2015: 16ff.; Weiss, Hassan 2015: 97f.). Dass die irakische Armee ohnehin durch Korruption und konfessionelle Konflikte im Irak extrem geschwächt war, ist ein weiterer bedeutsamer Punkt für die militärische Stärke des IS. Das militärische Vorgehen im Inneren des Islamischen Staates lässt sich am Beispiel zweier Stämme verdeutlichen, an denen der IS ein Exempel statuiert hat, da diese sich nicht unterwerfen lassen wollten (vgl. Khatib 2015: 10f.; Steinberg 2015: 129). Das Massaker an den beiden Stämmen, welches hier nicht detailliert beschrieben werden soll, sollte eine unmissverständliche Botschaft an alle Feinde des IS im Inneren und nach außen sein: „Wer sich auflehnt, wird ausgelöscht." (Reuter 2015: 255)

Seit August 2014 und dem Beginn der Luftschläge der Anti-IS-Allianz ließ sich zunehmend eine Veränderung in der militärischen Strategie beobachten. Die Fachliteratur berichtet einstimmig von einem Strategiewechsel weg von offensiver, hin zu defensiver Kriegsführung. So führe der IS nun nur noch Gelegenheitsangriffe aus, wenn der Gegner erkennbar schwach ist (vgl. Al-ʿUbaydi et al. 2014: 44; Cockburn 2015: 12f.; Khatib 2015: 17ff.).[53] Hierbei zeigt der IS zwar weiterhin eine große Mobilität, doch konnte die rasante Expansion nachhaltig gestoppt werden. Die vorherige, zu schnelle Expansion, sei auch ein zusätzlicher Grund für den Strategiewechsel des IS, da dieser ohnehin nicht weiter expandieren kann, ohne andere Gebiete verwundbar zu machen, so Khatib (2015: 22f.). Der IS habe zwar genügend Truppen, aber zu wenig Fachpersonal, um die vielen erbeuteten Waffen

---

53 Um sich vor den Luftangriffen zu schützen, so Reuter (2015: 276) ergänzend, hisse der IS nun seine Flaggen auf Gebäuden von Nicht-IS-Treuen, damit die alliierten Luftangriffe die Falschen töten würden.

für weitere Expansionszüge zu nutzen, berichtet Todenhöfer (2015: 122) ergänzend, welches zur Instandhaltung oder Bedienung gebraucht würde. Reuter (2015: 239) befindet abschließend, die Rhetorik vom Dschihad eigne sich zum Erobern, nicht aber zum Herrschen, weshalb Lister (*in* Dodge, Hokayem 2014: 78f.) richtigerweise ergänzt, dass seit Sommer 2014 konsolidieren wichtiger wurde als expandieren. Dass der IS aufgrund seiner militärischen Innovationen viele Gebiete erobern konnte, ist unumstritten, ob sich der IS aber langfristig in diesen Gebieten halten kann, hängt maßgeblich vom Erfolg oder Scheitern im zivilen und administrativen Bereich ab.

5.2 Zivile Ordnung und Administration

Der Aufbau einer zivilen Ordnung und funktionierenden Administration sind die Hauptaufgaben für den IS bei seiner Transition zur Herrschaft. Da er bereits de facto herrscht und damit eine Versorgungspflicht hat, soll in diesem Abschnitt beleuchtet werden, ob und wie der IS diese Herausforderung meistert. Neben der Versorgungspflicht, so einige Autoren, besitzt der IS gleichzeitig ein Versorgungsmonopol, weshalb die totale Kontrolle der Bevölkerung, wie in totalitären Staaten, möglich ist (vgl. Barrett 2014: 42; Hippler 2015: 171f.) Der IS, so Hippler weiter, versuche aber trotzdem, alles zu bieten, was ein Staat bieten kann, nur in den Augen des IS moralisch besser. Zu seinem Vorteil konnte der IS viele lokale Strukturen einfach übernehmen (vgl. Lister 2015: 31f.) sowie viele irakische und syrische Bürokraten und administrative Kräfte zur Fortsetzung ihrer Tätigkeit zwangsverpflichten (vgl. Biene, Schmetz 2015: 28; Hippler 2015: 170f.). Trotzdem mangelt es dem IS an hochqualifizierten Arbeitskräften (vgl. Steinberg 2015: 131), was auch durch die mehrmaligen Aufrufe zur Migration von Fachkräften in den IS deutlich wird.

In der Regel gilt im zivilen wie im militärischen Bereich, dass Loyalität das oberste Gebot ist. Daher sind im Islamischen Staat nur noch IS-Symbole erlaubt, sodass selbst die mit der IS-Führung verbündeten Baathisten ihre Saddam Hussein-Bilder abhängen mussten. Alles was nicht der IS-Ideologie entspricht wird zerstört (vgl. Reuter 2015: 186f.), dafür werden alle öffentlichen Gebäude und Fahrzeuge mit den schwarzen IS-Flaggen versehen (vgl. Stern, Berger 2015: 114). Dies verdeutlicht erneut die Vergleichbarkeit zu totalitären Regimen.

Nach der Eroberung eines Ortes, manchmal bereits zuvor, werden als erstes Glied der neuen Ordnung die Scharia und die damit verbundenen Richtlinien und Strafen eingeführt (vgl. Khatib 2015: 14; Lister 2015: 43f.). Die bereits zuvor zur militärischen Eroberung aufgebauten Spitzelnetze bleiben erhalten und dienen nach der Eroberung der schnelleren Etablierung der Ordnung und zur Ausschaltung von unliebsamen Kritikern der neuen Herrscher (vgl. Reuter 2015: 125ff.). Khatib (2015: 23) und Weiss und Hassan (2015: 228f.) ergänzen, dass die Angst des IS vor innerem Widerstand und Unterwanderung weiter wächst, weshalb auch immer größere Unsummen in den Ausbau der Sicherheits- und Kontrollapparate des IS investiert werden, um möglichst jede Person bis in den privatesten Bereich zu überwachen. Dass, neben den Geheimdiensten, die Scharia-Büros und -Gerichte wichtigstes Herrschaftsinstrument des IS sind, lässt sich nach den bisherigen Erkenntnissen nicht von der Hand weisen (vgl. Barrett 2014: 44; Said 2014: 69f.; Steinberg 2015: 122). Die den Scharia-Büros unterstellte Religionspolizei agiert unabhängig von der zivilen, lokalen Polizei und ähnelt der Religionspolizei in Saudi-Arabien (vgl. Steinberg 2015: 125). Die bereits in der Ideologie erörterte Nähe der IS-Ideologie zum Wahhabismus erklärt zudem, dass die meisten Richter im IS aus Saudi-Arabien stammen, da diese von klein auf mit der strengen Auslegung im Sinne des Wahhabismus vertraut sind (vgl. ebd.).

Bevor jedoch die brutale Ordnung des IS offen umgesetzt wird, werden Lebensmittel, Treibstoff und Geschenke an die Bevölkerung verteilt, Straßen repariert und Schulen und Moscheen wiedereröffnet, um Loyalität und Legitimität zu generieren und sich als fürsorgender ‚Staat' zu präsentieren (vgl. Al-'Ubaydi et al. 2014: 65ff.; Khatib 2015: 9; Lister 2015: 40f.; Weiss, Hassan 2015: 218ff.). Die Schulen befinden sich nach der Wiedereröffnung meistens in den Moscheen, da der Unterricht nur aus ideologisch-religiöser Schulung besteht. Bildung wird also als Mittel zur Indoktrinierung benutzt (vgl. Barrett 2014: 23, 44; Lister 2015: 47f.; Reuter 2015: 188; Said 2014: 69f.). Stern und Berger (2015: 210ff.) beschreiben dies als Versuch des IS, eine neue loyale Gesellschaft durch Indoktrinierung und Entmenschlichung zu formen, in der Empathie unbekannt und brutalste Gewalt Normalität ist. So würden Kinder zum Beispiel schon in der Schule anhand von Puppen das Köpfen lernen. Die Problematik, die hier deutlich wird, ist, dass man lieber eine loyale Generation erzieht, als eine, die befähigt wird einen Staat zu lenken. Zu diesem ideologischen Missbrauch der Kinder im IS ergänzen Stern und Berger (2015: 92) die virulente häusliche und sexuelle Gewalt gegen Frauen. Die zusätzlichen drakonischen Strafen gegen die Gesamtheit der Bevölkerung, die mit der Scharia-Interpretation des IS gerechtfertigt werden, wie Folter und öffentliche Hinrichtungen (vgl. Rosiny 2014: 7; Weiss, Hassan 2015: 218ff.), lassen ein Gesamtbild entstehen, dass einen IS zeigt, der seine Herrschaft auf Angst anstatt auf einer neuen Ordnung oder Zufriedenheit begründet (vgl. Barrett 2014: 41; Steinberg 2015: 115). Grundsätzlich lässt sich zudem festhalten, dass je länger der IS vor Ort ist, desto härter und offener die Brutalität der Herrschaft zutage tritt (vgl. Lister 2015: 47; Reuter 2015: 132, 277).

Obwohl der IS seine Herrschaft auf Angst begründet, weist die strikte Ausführung und Einführung der neuen Gesetze auf eine ausgeprägte Bürokratie und administrative Hierarchie im Hintergrund hin. Dass der IS bestrebt ist, langfristig seine Herrschaft durch eine funktionierende Verwaltung zu etablieren, zeigt sich auch daran, dass er versucht, ein Gewaltmonopol zu errichten: so würden die lokale Bevölkerung und auch Kämpfer, wenn diese nicht regelmäßig an der Front kämpfen, entwaffnet, um das Revolten-Risiko und generell den Gebrauch von Waffen zu minimieren (vgl. Weiss, Hassan 2015: 226ff.).

Bezüglich der Versorgung der Bevölkerung mehren sich die Berichte über ein Versagen des IS auf lange Sicht. Zwar kontrolliere er circa 40 Prozent der Weizenproduktion im Irak, aber viele Bauern seien während der IS-Expansion geflohen und so sei die Versorgung, wenn die Kriegsbeute erst einmal aufgebraucht ist, ungewiss. Je länger der IS es jedoch schafft, seine Bevölkerung erfolgreich zu versorgen, desto mehr Sympathie wird er in der Bevölkerung generieren können (vgl. Barrett 2014: 36ff.; Steinberg 2015: 131ff.). Auch Holger Marcks (*in* Biene, Schmetz 2015: 26) berichtet von Versorgungsengpässen; so stiegen Essenspreise und es komme häufiger zu Stromausfällen (vgl. auch Al-'Ubaydi et al. 2014: 69; Barrett 2014: 38). Stern und Berger (2015: 93) ergänzen zudem, dass vielerorts der Müll nicht beseitigt würde, dass das Trinkwasser wegen des Chlormangels nicht mehr trinkbar und auch die Kommunikation mit der Außenwelt größtenteils unmöglich sei. Selbiges sowie einen drastischen Medikamentenmangel in

Großstädten wie Mosul, berichtet auch Todenhöfer (2015: 191, 218) nach seiner Reise in den IS. Aktuell herrsche in den Gebieten aber noch eine „bleierne Normalität" (Todenhöfer 2015: 221) und der Alltag laufe, mit Ausnahme der neuen Strafen, normal weiter (vgl. Lüders 2015: 95f.).

5.3 Finanzen und Ökonomie

Bei der Frage nach der Finanzierung des IS gibt es in der Fachliteratur, neben dem Streitpunkt, ob man nun Steuern oder Schutzgeld im IS zahlt, keine großen Widersprüche. Grundsätzlich soll zur Finanzierung des IS aber festgehalten werden, dass sämtliche Zahlen Schätzungen sind, die sich auf mehr oder weniger unzuverlässige Quellen stützen. Die Schätzungen im Großteil der Literatur reichen bei den regelmäßigen Einnahmen aus Ölverkäufen und Steuern von 1 bis 3 Millionen US-Dollar pro Tag und bei der Gesamtrücklage des IS von 1,3 bis 2 Milliarden US-Dollar. Da diese Schwankungen zu groß sind, um sie als verlässlich und gesichert anzugeben, wird sich diese Arbeit damit zufrieden geben, die Finanzierungsquellen ihrer Größe nach zu ordnen. Dazu werden die finanziellen Einnahmen des IS zunächst in zwei Kategorien eingeteilt, die unregelmäßigen und die regelmäßigen Einnahmen.

Die in den letzten Jahren auf Eroberung ausgelegte Gesamtstrategie des IS ließ sich zum größten Teil durch eine ausgeprägte, aber unregelmäßige Beuteökonomie finanzieren. Dieser größte Baustein der Finanzierung des IS ergibt sich durch die Summierung von geplündertem Geld, Artefakten, Kunst, militärischem Equipment und Sklaven, die anschließend verkauft werden (vgl. Al-'Ubaydi et al. 2014: 60f.; Barrett 2014: 46ff.; Biene, Schmetz 2015: 26f.; Reuter 2015: 268ff.; Weiss, Hassan 2015: 235). Steinberg (2015: 134) verweist zudem explizit auf den nicht unerheblichen Anteil an geplünderten Nahrungsmitteln. Weitere unregelmäßige Einkommensquellen des IS sind Lösegelder für westliche Geiseln und Spenden aus dem Ausland, die aber, da ist sich die Literatur durchgehend einig, den geringsten Anteil mit weniger als fünf Prozent des Gesamteinkommens ausmachen (vgl. Al-'Ubaydi et al. 2014: 62f; Barrett 2014: 48; Steinberg 2015: 132).

Da diese unregelmäßigen Einnahmen, wenn sie auch aufgrund der Beuteökonomie den größten Anteil ausmachen, auf lange Sicht eine nicht ausreichend sichere Finanzierung des Staatswerdungsprojektes des IS darstellen, baut der IS zusätzlich eine finanzielle Infrastruktur mit regelmäßigen

Einnahmen auf. Diese Infrastruktur ist nicht grundsätzlich neu, da bereits die Vorgängerorganisation ISI im irakischen Untergrund ein System aus Schmuggel und Erpressungen von Steuern errichtet hatte. Damit wurde damals ein erstes Budget angehäuft, mit dem die Expansion nach Syrien 2011 finanziert werden konnte (vgl. Al-'Ubaydi et al. 2014: 57; Reuter 2015: 28; Rosiny 2014: 2).

Die generell größte Finanzierungsquelle bei den regelmäßigen Einnahmen stellt der Verkauf von Öl auf dem Schwarzmarkt an das Assad-Regime und an die lokale Bevölkerung dar. Auch wenn die genauen Produktionsmengen und die stetig schwankenden Schwarzmarktpreise unbekannt sind, sind die regelmäßigen Einnahmen aus diesem Segment dennoch beträchtlich. Ganz im Gegensatz zum Öl wird das im IS-Gebiet produzierte Gas fast ausschließlich für die Versorgung der Bevölkerung genutzt. Das zweite große Standbein bei den regelmäßigen Einnahmen sind die vom IS erhobenen Steuern (oder auch Schutzgeld) und Straßenzölle. Während Christen eine sogenannte Schutzsteuer entrichten müssen, müssen Muslime Steuern auf ihr Einkommen und ihr Gewerbe zahlen. Da der IS zudem mehrere Hauptverbindungsstraßen im Nahen Osten ganz oder teilweise kontrolliert, können die IS-Kämpfer an errichteten Kontrollposten Zölle aus dem Transit- und Binnenverkehr erheben (vgl. Al-'Ubaydi et al. 2014: 57ff.; Barrett 2014: 46ff.; Lister 2015: 38ff.; Rosiny 2014: 4; Saltman, Winter 2014: 49f.; Steinberg 2015: 132f.; Todenhöfer 2015: 186, 201).

Mittlerweile ist der IS unter vergleichbaren Terrorgruppen und -milizen die mit Abstand reichste Organisation. Aber um dem Selbstanspruch, einen Staat mit funktionierender Administration und den dazugehörigen Versorgungsleistungen, wie Strom, Wasser, Nahrungsmittel, langfristig gerecht werden zu können, reichen die regelmäßigen finanziellen Einnahmen nicht aus. Denn die Ausgaben für Soldaten, Verwaltung, Infrastruktur, Reparatur und Instandhaltung von militärischem Equipment und der Betrieb der Propagandamaschinerie steigen stetig (vgl. Al-'Ubaydi et al. 2014: 64f.; Barrett 2014: 45f.; Steinberg 2015: 131). Ob die Luftschläge auf die Ölproduktion das Einkommen des IS nachhaltig weiter schwächen kann, ist ungewiss, so Al-'Ubaydi et al. (2014: 59), da durch sinkende Fördermengen auch gleichzeitig die Schwarzmarktpreise steigen werden. Das größte finanzielle Problem für den IS dürfte die gestoppte Expansion und der damit verbundene drastische Wegfall der Beuteökonomie als größte Einnahmequelle sein.

Dass Geld aber für den IS eine Schlüsselrolle spielt und spielen wird, zeigt sich an den zunehmenden Bemühungen zur Errichtung eines Binnenmarktes (vgl. Dodge, Hokayem 2014: 80), an einem florierendem „Ablasshandel" (Reuter 2015: 273) und an den Millionen, die der IS zur Aufrechterhaltung strategischer Allianzen mit den lokalen Stämmen investiert (vgl. Lister 2015: 40f.).

5.4 Allianzen und Bündnispolitik

Die Allianzen des IS sind geprägt von Pragmatismus und Taktik. Zum IS Verständnis des Begriffes Allianzen muss erwähnt werden, dass der IS aufgrund seiner Ideologie keine Allianzen akzeptiert und dass Bündnisse für ihn eigentlich gleichbedeutend mit Unterwerfung sind (vgl. Khatib 2015: 17f.; Saltman, Winter 2014: 34). Dies lässt sich vor allem an der Zusammenarbeit des IS mit den lokalen Stämmen beobachten. Weiss und Hassan (2015: 200ff.) beschreiben, dass es der IS ist, der als erster Akteur seit langem die essenzielle Bedeutung der Stämme für effektives Herrschen in der Region verstanden hat. So schaffe er es, durch eine kuriose Mischung aus Geld, Macht, Schutzversprechen und Gewaltanwendung, nicht aber aus religiöser Überzeugung, die Stämme zu einer Kooperation zu überzeugen. Der IS verhandele bei Problemen zwischen den Stämmen und spiele sie gleichzeitig gegeneinander aus, um eine zweite Sahwa-Bewegung zu verhindern.[54] „Teile und Herrsche" (Weiss, Hassan 2015: 208), ist die Devise des IS in der Stammespolitik. Diese Beschreibung findet sich in der gesamten Fachliteratur.

Die lokalen Stämme selbst unterstellen sich dem IS in erster Linie im Gegenzug für Schutz (vgl. Hashim 2015: 14; Lister 2015: 31f.). Dies sind aber nur pragmatische, nicht von ideologischer Überzeugung geprägte, Bündnisse, da die Stammesführer dem IS nur die Treue schwören, weil sie ihn nun als stärksten und mächtigsten Akteur in der Region verstehen. Durch diese pragmatischen Treueeide der Stammesführer weiß der IS aber wiederum auch schnell einen Großteil der lokalen Bevölkerung hinter sich (Reuter 2015: 130f.). Khatib (2015: 10f.) und Barrett (2014: 8, 41) sowie Al-'Ubaydi et al. (2014: 73) und Saltman und Winter (2014: 34f.) verweisen zudem auf die jahrelange fahrlässige Vernachlässigung der lokalen,

---

54 Für Definition und Erklärung zur Sahwa-Bewegung siehe Kapitel 2.2.

sunnitischen Stämme im Grenzgebiet zwischen Irak und Syrien durch die jeweiligen Regierungen. Der IS trägt das Versprechen mit sich, die ehemalige Stellung, Bedeutung und Macht der Stämme wiederherzustellen. Auch hierbei, so sind sich die Autoren einig, lässt sich ein strategischer Plan des IS erkennen. Der IS hat weder die personellen noch die finanziellen Mittel, um im gesamten Territorium zu herrschen und zu versorgen, weshalb er die Versorgung und Verwaltung der Stammesgebiete den Stämmen in der Regel selbst überlässt. Die Devise „Teile und Herrsche" funktioniert nachweislich.

Differenziert zu betrachten ist die Beziehung des IS zu anderen Regierungen. Während es Gerüchte über eine Kooperation mit dem türkischen Geheimdienst gibt, welche sich aber wahrscheinlich auf ein Nicht-Eingreifen der türkischen Seite beschränkt (vgl. Cockburn 2015: 37; Lüders 2015: 107), verweist die Fachliteratur in vielfältigen Verweisen auf eine aktive Kooperation mit dem Assad-Regime. Da diese Kooperation eher Allianz als Unterwerfung ist, greift der IS zur ideologischen Rechtfertigung dieses Handelns auf die Narrative zurück, erst die inneren Feinde bekämpfen zu müssen, bevor man sich dem äußeren Feind widmen könne (vgl. Khatib 2015: 15). Sowohl der IS als auch Assad haben allerdings dasselbe vorrangige Ziel, zunächst die gemäßigte oder rivalisierende Opposition zu vernichten (vgl. Weiss, Hassan 2015: 199), weshalb eine Kooperation aus Pragmatismus glaubhaft ist. Zudem, so Khatib (2015: 4f.), sind der IS und Assad, wie bereits die Ölverkäufe andeuten, wichtige ökonomische Partner, die auch in Fragen der Elektrizitätsversorgung kooperieren. Wenn es aber vereinzelt zu gegenseitigen Angriffen kommt, dann nicht, um den jeweils anderen zu stürzen, sondern um seinen eigenen Herrschaftsbereich zu erweitern (vgl. Weiss, Hassan 2015: 220).

Diese Kooperation mit gelegentlichen, lokalen Angriffen kommt sowohl Assads Narrative als auch der des IS zugute. Assad kann die Fortexistenz und die Angriffe auf den IS nutzen, um seine Anti-Terror-Narrative aufrechtzuerhalten und der IS gleichsam seine Anti-Regime-Narrative ausbauen (vgl. Khatib 2015: 4ff.; Weiss, Hassan 2015: 131ff.). Assad setze darauf, so Khatib weiter, erst die gemäßigte Opposition und anschließend mithilfe der internationalen Gemeinschaft die Terroristen vom IS zu besiegen, während der IS darauf hoffe, zunächst die gemäßigte Opposition zu besiegen, um dann mit dem geschwächten Assad-Regime allein fertig zu werden. Dieser Darstellung wird in der Fachliteratur nicht widersprochen, vielmehr spiegeln mehrere Autoren dieselbe Geschichte mit ihren eigenen Worten immer wider (vgl. Biene, Schmetz 2015: 63ff.; Lister 2015: 33f.; Reuter 2015: 159ff.), weshalb auch diese als verlässlich bewertet werden kann.

5.5 Drittes Zwischenergebnis

Am Ende stellt sich für die Langlebigkeit des IS die Herausforderung, die Transition von Eroberung zu Herrschaft zu meistern. Dass Loyalität dem IS immer wichtiger war als Expertise, könnte sich nun als Problem bei dieser Aufgabe erweisen, da es nun die Expertise ist, die über Erfolg oder Scheitern der Transition entscheidet (vgl. Barrett 2014: 23). Ob der IS aufgrund seiner Handlungsform bei dieser Transition erfolgreich ist oder nicht, ist in der Fachliteratur umstritten:

Weiss und Hassan (2015: 233ff.), Saltman und Winter (2014: 33) und Lister (2015: 43ff.) verweisen darauf, dass die Zuckerbrot-und-Peitsche-Strategie des IS aufgehen könnte: Der IS biete nach Jahren der ungehemmten, willkürlichen Gewalt und des zum Teil selbst mitverursachten Chaos in Syrien und im Irak eine eigene Ordnung. Wenn diese Ordnung auch von Brutalität gezeichnet sein mag, so stelle sie doch eine Überwindung der willkürlichen Brutalität dar. Diese neue, brutale Ordnung sei vielen Menschen lieber als die Abwesenheit jeglicher Ordnung (Chaos). Dass der IS Sicherheit, Gesetze und eine funktionierende, effiziente Justiz einführe, die für alle, Kämpfer und Kommandeure eingeschlossen, gelte, führe zu einer steigenden Unterstützung des IS durch die Bevölkerung. Zudem sei nach Jahren der Gesetzlosigkeit die Verbrechensrate aufgrund der drakonischen Strafen massiv zurückgegangen; dadurch gewinne der IS ebenfalls Sympathiepunkte. Es existiere zwar keine volle Unterstützung für die Ordnung des IS, es gebe aber auch keine Anzeichen eines vollkommenen Widerstandes. Die massive Kontrolle durch die IS-Geheimdienste und der Mangel an Alternativen, aufgrund des anhaltenden Chaos im Irak und in Syrien, machen eine Widerstandsformierung aktuell ohnehin zweck- und chancenlos. Ein großer Teil der Bevölkerung hätte daher den Widerstand gegen den IS aufgegeben und arbeite nun sogar mit ihm zusammen, wodurch er seine Verwaltungsstrukturen weiter ausbaue und festige. Der IS, so die Autoren, erwarb seine vorläufige Autorität zwar durch Eroberung und militärische

Erfolge. Doch je länger der IS effektiv herrsche, desto mehr baue er seine Autorität und Legitimität in den Augen der lokalen Bevölkerung aus. Dagegen argumentiert Reuter (2015: 279f.): Die massive Gewaltanwendung sowie die täglichen Schikanen und Kontrollen zeigen zwar weiterhin die Dominanz des IS. Gleichzeitig aber untergraben sie auch nachhaltig das Vertrauen und den Rückhalt in der Bevölkerung. Selbst totalitäre Regime ließen ihrer Bevölkerung im Privaten gewisse Freiheiten – nicht so der IS. Die vollständige Kontrolle und Unterwerfung der Bevölkerung könnte daher der hausgemachte Niedergang des IS sein. Ähnlich negativ äußern sich Khatib (2015: 21) und Stern und Berger (2015: 198): Der IS habe sich in einen Teufelskreis begeben, in der die Spirale der Gewalt nur eine Richtung kenne. Seine immer brutaleren Maßnahmen würden die Unzufriedenheit in der Bevölkerung zwar weiter steigern, aber der IS könne in Zukunft nicht weniger brutal agieren als zuvor, da er sonst an Glaubwürdigkeit, Kontrolle und Stärke einbüßen würde.

Insgesamt, ein gemeinsames, klares und verlässliches Bild aller Meinungen als drittes Zwischenergebnis für das Gesamtbild des IS zeichnend, zeigt sich der IS in seiner Handlungsform militärisch innovativ durch die Kombination und parallelen Anwendung von Terrorangriffen, Guerilla-Taktiken und konventioneller Kriegsführung. Er zeigt sich zudem anpassungsfähig sowie strategisch versiert und flexibel, wie der Wechsel zu einer eher defensiven Strategie im Zuge der Luftangriffe belegt. Die zivile Ordnung und Administration zeichnet sich ab, ob nun längerfristig betrachtet klug oder nicht, als eine totalitäre Ordnung durch absolute ideologische und geheimdienstliche Kontrolle sowie extreme Gewalt und Brutalität. Der Versuch, ein Gewaltmonopol und eine Verwaltung sowie Infrastruktur aufzubauen, zeugen von einer längerfristigen Planung, durch die der IS den selbsterzeugten Teufelskreis der Brutalität möglicherweise, trotz des Verlustes des Stärkeimages, überleben könnte. Seiner Ideologie bedient sich der IS derweil zur Formung einer neuen Gesellschaft. Finanziell sorgten in den vergangenen Jahren und Monaten Beuteökonomie und mafiöse Schwarzmarkt- sowie halblegale Besteuerungsstrukturen für mehr als ausreichend Kapital für den IS. Doch der Expansionsstopp und die Zerstörung der Öl-Infrastruktur werden diesen Kapitalfluss erheblich stören oder gar zerstören. Der IS hat dies offensichtlich erkannt und bemüht sich nun um den Aufbau einer Binnenökonomie, an deren Erfolg sein Überleben hängen könnte. Allianztechnisch hält der IS nur pragmatische und kurzweilige Bündnisse, wie mit dem syrischen Regime, aufrecht. Die Stämme betreffend, handelt er nicht im Sinne eines Bündnisses, sondern unterwirft diese seiner Autorität. Im Gegenzug versichert er diesen Schutz sowie eine Stärkung ihrer Machtposition und handelt nach der Devise „Teile und Herrsche".

Mit einem dritten Blick zurück zur Forschungsfrage und der Verortung des IS im trialen Spannungsfeld zwischen Terrorismus, Guerilla und Staat lässt sich, aufgrund der Finanzierung, kein ganz eindeutiges Ergebnis festhalten. Die semi-legale, semi-mafiöse Art und Weise der Finanzierung lässt sich nicht eindeutig zuordnen. Die militärischen Strategien, die drakonische innere Ordnung sowie ein Großteil der Bündnispolitik hingegen sind eindeutig als Guerillaverhalten zu identifizieren, weshalb die Handlungsformen des IS zusammenfassend überwiegend als Guerillaaktivitäten zu definieren sind.

6. Transnationale Vernetzung – von lokaler und globaler Propaganda, Rekrutierung und Exklaven-Politik

Der IS ist ein transnationales Phänomen (vgl. Biene, Schmetz 2015: 3). Sein transnationaler Charakter zeigt sich bereits seit Beginn seiner Gründungsgeschichte: Ein in Afghanistan von Saudis ausgebildeter Jordanier gründete al-Qaida im Irak (vgl. Said 2014: 65). Spätestens ab 2006 aber entwickelte auch die IS Propaganda als zentrale Säule der Kriegs- und Rekrutierungsstrategie einen transnationalen Charakter und baute eine ausgeprägte, vielschichtige und zentralisierte Medieninfrastruktur auf (vgl. Al-'Ubaydi et al. 2014: 47ff.), deren Stärken und Schwächen im Folgenden untersucht werden sollen.

6.1 Qualität, Technisierung, Produktion und Distribution der Propaganda

Ein Zusammenspiel aus autonomer Produktion in jeder IS-Provinz mit der zentral koordinierten Freigabe und Veröffentlichung durch die zentrale IS-Führung erlmöglichte die erstaunlich schnelle Expansion des IS Medienapparates (vgl. ebd.; Barrett 2014: 55; Stern, Berger 2015: 113). Die Hauptziele der Propaganda sind die Rekrutierung sowie die moralische und psychologische Schwächung seiner Gegner. Hierzu propagiert der IS eine erschreckend gut funktionierende Mischung aus Brutalität und Utopie (vgl. Cockburn 2015: 17, 130; Khatib 2015: 11ff.; Saltman, Winter 2014: 39; Stern, Berger 2015: 113f., 249f.). Die entscheidende Neuerung in der Propaganda sind die hohe Quantität und Qualität, die durch eine Kombination aus dezentralisierter Produktion, zentralisierter und kontrollierter Freigabe sowie anschließend stark dezentraler, unkontrollierter Verbreitung erlmöglicht wird (vgl. Barrett 2014: 51ff.; Khatib 2015: 13; Reuter 2015: 203ff.; Saltman, Winter 2014: 37f.; Stern, Berger 2015: 71f.; Weiss, Hassan 2015: 172f.). Die dezentrale Produktion mittels modernster Technik wie Kameradrohnen umfasst dabei Internet-, Radio-, und Fernsehnachrichten sowie Zeitschriften, Bücher und DVDs. Die dezentrale Verbreitung wird durch ein riesiges Netzwerk inoffizieller Unterstützer und durch die Entwicklung eigener Technologie wie Smartphone-Apps ermöglicht (vgl. Al-'Ubaydi et al. 2014: 49ff.; Steinberg 2015: 165). Die Qualität der Propaganda wird in der Fachliteratur durchgehend als hochwertig und professionell beschrieben, deren Entwicklung über eine lange Zeit beobachtbar war.[55] Mittlerweile ist die Propaganda des IS vielsprachig und an das jeweilige Zielpublikum angepasst (vgl. Al-'Ubaydi et al. 2014: 47, 53; Barrett 2014: 33; Stern, Berger 2015: 72, 77), wie unter anderem das qualitativ hochwertige Dabiq-Magazin des IS beweist.[56]

Bezüglich der angesprochenen zentralen Kontrolle der Propagandafreigabe unterstreicht Martin Schmetz (Biene, Schmetz 2015: 55ff.), dass das Internet dem IS zwar als wichtige Plattform für Propaganda und Rekrutierung dient, gleichzeitig erläutert er aber auch die für den IS erhöhte Gefahr der Spionage und Überwachung. Der große Unterstützerkreis mache den IS, aufgrund der großen Anzahl an Laien, extrem verwundbar für Spionage. So nutzen Kämpfer und Unterstützer ihre eigenen Handys und Laptops, um Bild- und Textmaterial zu verbreiten, ohne sich dabei der Gefahr der gleichzeitig verbreiteten Metadaten bewusst zu sein. Diese können dann Geheimdiensten zur Lokalisierung der IS-Kämpfer oder Unterstützer dienen. Sensitive Daten, so Schmetz weiter, würde der IS daher nicht mehr online verschicken, sondern offline behalten. Sich vom Internet ganz abzuwenden sei für ihn aber, aufgrund der hohen medialen Reichweite zu Propaganda- und Rekrutierungszwecken, indiskutabel. Diese Gefahr von nicht gewollter Publikation bestimmter Informationen und Daten des IS durch Laien, trotz der nahezu totalen Kontrolle der Medien im IS-Territorium, heben auch Al-'Ubaydi et al. (2014: 54ff.) hervor.

Der versuchten totalen Kontrolle der Medienfreigabe steht die absolute Nicht-Kontrolle der Art und Weise der Verbreitung des Propagandamaterials

---

55 Am besten sei die Entwicklung der Propagandaqualität von Laientechnik bis hin zur Professionalität an der Videoserie Salil al-Sawarim (Das Klirren der Schwerter, Teil 1–4) nachzuvollziehen, so Stern und Berger (2015: 106ff.).

56 Das Magazin ist benannt nach der Stadt Dabiq, die in der IS-Endzeitideologie eine zentrale Rolle spielt, da dort der IS-Interpretation der Prophezeiung zufolge die entscheidende Schlacht zwischen Gläubigen und Ungläubigen stattfinden soll (vgl. Barrett 2014: 56). In diesem Magazin werden Strategie und Ideologie des IS deutlich sichtbar, sodass Heinke und Fouad soweit gehen, es gar als „Leitmedium" des IS (*in* Biene, Schmetz 2015: 9) zu bezeichnen.

gegenüber. Hier findet sich die einzige erarbeitete Handlungsweise des IS wieder, die nicht von maximaler Kontrolle, sondern von ihrem Gegenteil geprägt ist. Die Unterstützer des IS lassen sich bei der Verbreitung immer neue Mittel und Wege einfallen, um die Reichweite der Propaganda auszubauen. So wurden, wie bereits erwähnt, Smartphone-Apps zur Vernetzung von Soziale Medien-Profilen entwickelt, auf denen anschließend – dank der App – parallel veröffentlicht werden konnte. Es wurden aber auch prominente Hashtags auf Twitter gekapert[57], um die maximale Reichweite schlagartig zu erweitern (vgl. Barrett 2014: 54f.; Reuter 2015: 238ff; Saltman, Winter 2014: 40; Stern, Berger 2015: 147ff.). Trotz der Dezentralität und der Aufgabe der Kontrolle des IS bei der Verbreitung der Propaganda, sprechen Stern und Berger (2015: 155ff.) vom Aufbau einer IS-online-Brigade, die strategisch die Verbreitung der Propaganda beschleunigt. Diese veröffentlicht die Propaganda zentral und sorgt durch interne Vernetzungen für eine möglichst große Verbreitung in kürzester Zeit, bevor anschließend die dezentrale Struktur der Weiterverbreitung einsetzt. Neben der Entwicklung von Smartphone-Apps und Online-Brigaden kommt dem IS die Soziale Medien-Struktur aber generell entgegen, da diese es ermöglicht, dass Nachrichten bereits nach einmaliger, zentraler Veröffentlichung, wieder und wieder auf anderen Profilen und Plattformen von Unterstützern geteilt und weiterveröffentlicht werden. Saltman und Winter (2014: 40ff.) berichten, dass so dieselbe Nachricht bis zu 40.000-mal pro Tag erneut veröffentlich werden konnte und dass einige Profile bis zu 200 Nachrichten pro Tag veröffentlichen.

Es wird deutlich, dass der IS es gemeistert hat, sich die Funktionen des Internets und der Sozialen Medien trotz technischer Probleme, wie der Spionageanfälligkeit, zu Nutze zu machen. Die Literatur ist sich darin einig, dass der IS seiner Propagandastrategie ebenso viel Bedeutung zumisst und diese genauso aggressiv verfolgt wie seine militärischen Ambitionen. Stern und Berger sprechen in diesem Zusammenhang sogar vom ersten „Cyber-Dschihad" (2015: 138); auch andere Autoren stimmen dieser Aussage zu (vgl. Reuter 2015: 180, 237; Saltman, Winter 2014: 42). Um sich

---

57 Zur Fußballweltmeisterschaft wurden zum Beispiel die Twitter-Hashtags „#Brazil2014" und „#WC2014" (Reuter 2015: 238) an eigene Propagandanachrichten gehängt, so dass jeder Twitter-Nutzer, der sich über die Weltmeisterschaft erkundigen wollte, auch die IS-Propaganda angezeigt bekam.

ein besseres Bild von der Propagandastrategie des IS machen zu können, werden im Folgenden lokale und globale Propaganda unterschieden sowie separat auch seine transnationalen Rekrutierungsmechanismen untersucht. Abschließend soll noch auf die transnationale, territoriale Ausbreitung des IS sowie die oft diskutierte, vom IS ausgehende, Anschlagsgefahr im Westen eingegangen werden.

6.2 Lokale Propaganda

Die lokale Propaganda des IS ist vor allem gekennzeichnet durch Brutalität und Gewalt, um die Moral der nahen Feinde zu schwächen und Angst unter diesen zu verbreiten (vgl. Lister in Dodge, Hokayem 2014: 78; Todenhöfer 2015: 174, 203). Die Verbreitung von Angst und Hass hat Reuter (2015: 241) und Khatib (2015: 8f.) zufolge zusätzlich das Ziel, den Irak endgültig in einen konfessionellen Bürgerkrieg zu stürzen, in welchem der IS als Retter und Befreier der Sunniten auftreten und diesen einen neuen Staat als sichere Heimat bieten könne. Hier konkretisiert sich eindeutig die in der Ideologie des IS beschriebene Ausbeutung des Schismas zwischen Sunniten und Schiiten. Neben Angst und Hass berichtet die Literatur aber auch vom Wohltäterimage, dass der IS lokal propagiert, um sich die Loyalität seiner Bevölkerung zu sichern (vgl. Todenhöfer 2015: 211ff.). Die im Widerspruch zum Wohltäterimage vollstreckten drakonischen Strafen, wie Hinrichtungen, propagiert der IS für seine Bevölkerung hingegen als die direkte Umsetzung göttlichen Willens (vgl. Stern, Berger 2015: 115).

Mit der Kombination von Brutalität und Utopie in der lokalen Propaganda erhofft sich der IS eine folgsame und loyale Bevölkerung, und den Berichten zufolge scheint diese Strategie zumindest bis jetzt aufzugehen. Dies hängt vermutlich vor allem damit zusammen, dass die Brutalität gegenüber dem Element der Utopie überwiegt. Denn dadurch kann der IS sowohl seine auf Angst begründete Herrschaft fortsetzen[58] sowie seine vielen Feinde an den Grenzen einschüchtern und vertreiben. Angesichts der Vielzahl der Feinde, die den IS umgeben, sprechen Stern und Berger (2015: 199ff.) von gezielter psychologischer Kriegsführung, die Khatib (2015: 11) und Weiss und Hassan (2015: 170ff.) zufolge dazu führt, dass die Moral der Gegner

---

58 Für nähere Informationen siehe Kategorie ‚Handlungsform‘.

bereits im Vorfeld eines Kampfes soweit gebrochen wird, dass teilweise ganze Landstriche kampflos erobert werden können. Die strategische Verwendung von Brutalität in der lokalen Propaganda erfüllt für den IS daher eine Doppelfunktion, deren Wirksamkeit die vergangenen Monate bestätigen.

Ein spezifisches und oft diskutiertes Element in der lokalen Propaganda ist die vom IS medial inszenierte Auflösung der Sykes-Picot-Linie von 1916, die die Grenze zwischen Syrien und Irak beschreibt. Barrett (2014: 23) verweist darauf, dass die Sykes-Picot Narrative des IS drei für ihn wichtige Gruppen zufriedenstellen sollte: erstens, die Stämme, die an der Grenze leben, zweitens, die Baathisten, die für die arabische Einheit und gegen das Kolonialerbe eintreten und drittens, die Islamisten, die eine vereinte islamische Welt fordern. Reuter (2015: 186f.), Said (2014: 106f.) und Steinberg (2015: 114) heben hervor, dass die Aufhebung des Sykes-Picot-Abkommens vor allem symbolisch wichtig in der Propaganda sei, da der IS sich so als Befreier eines eigentlich zusammenhängenden Kulturraums präsentieren konnte. Zudem sei dieses Abkommen im kollektiven Gedächtnis der arabischen Welt als Vertrauensbruch des Westens gegenüber den Arabern verblieben, weshalb der IS diese symbolische Narrative zur überregionalen Legitimation seiner Herrschaft als rechtmäßiger Befreier vom Kolonialerbe nutze. Die Aufhebung dieses Abkommens, so Said weiter, sei aber mehr als reine Symbolpolitik, da durch die Auflösung der Grenze das transnationale Handeln des IS über die syrisch-irakische Grenze hinweg dauerhaft möglich sei. Einzig dem letzten Punkt schließen sich auch Rosiny (2015:6) und Dodge (2014: 7ff.) an, die der Sykes-Picot-Narrative des IS nichts anderes als der Vergrößerung des eigenen, nun transnationalen, Handlungsspielraumes abgewinnen können. Alle drei Sichtweisen – die Bedienung von Gruppeninteressen, der symbolträchtige Legitimationsversuch und die Vergrößerung des eigenen Handlungsspielraumes – sind berechtigt und nachweislich belegbar. Es wäre daher am verlässlichsten zu behaupten, dass eine Kombination aller drei Begründungen für die Sykes-Picot-Narrative des IS verantwortlich ist.

Eine wichtige Dimension in der lokalen Propaganda soll am Schluss dieses Abschnittes angesprochen werden. Stern und Berger (2015: 116, 120ff.) sowie Reuter (2015: 241ff.) berichten, dass nahezu unbeachtet von der westlichen Öffentlichkeit in der lokalen IS-Propaganda hunderte irakische und syrische Schiiten hingerichtet werden, wobei dies nur ein Beispiel der oben beschriebenen Brutalität des IS in seiner lokalen Propaganda darstellt. Trotz dieser massenhaften Brutalität schafft es die IS-Propaganda, den Fokus der westlichen Medien auf die vergleichsweise wenigen westlichen, hingerichteten Geiseln zu lenken. Der IS ist offensichtlich erschreckend effizient darin zu bestimmen, welcher Öffentlichkeit welches Material vorgeführt wird. Dies sollte daher ein Weckruf für die Welt sein, erstens die Relationen der Brutalität des IS nicht zu vergessen und zweitens sich nicht von einer totalitär herrschenden Gruppe Propagandamaterial diktieren zu lassen.

6.3 Globale Propaganda

Die globale Propaganda des IS profitiert von dieser soeben angesprochenen Problematik der gesteuerten Berichterstattung. Ein zweiter Faktor für diese Vorgehensweise ist, dass der IS die weltweiten Medien mit seinen Darstellungen flutet, die Welt selbst aber nicht in die Struktur und die Gebiete des Islamischen Staates hineinschauen kann. Dieses Monopol des IS über seine Medien, inklusive der hauseigenen Zensur, ist ein zentrales Instrument seiner zivilen und militärischen Strategie (vgl. Barrett 2014: 57; Khatib 13f.), das er auch zur Darstellung seiner Utopie oder zu militärischen Fehlinformationen nutzt. Zudem dient es, so Khatib (2015: 13) weiter, auch der Kompensation von militärischen Verlusten. So seien Verluste durch Luftschläge und die Niederlage in Kobane gezielt mit der Hinrichtung westlicher Geiseln beantwortet worden, was von den Niederlagen des IS ablenken sollte. Ebenso wurde nach Khatib auch die Niederlage im irakischen Tikrit im April 2015 durch die medial viel stärker dokumentierten Zerstörungen in Palmyra verdeckt. Das Mediendiktat des IS setzt sich also auch hier fort.

Insbesondere die Komponente Soziale Medien trägt, so Lister (2015: 41ff.), maßgeblich zum globalen Erfolg der Gruppe bei. Noch nie sei eine Terrorgruppe aktiver und besser vernetzt gewesen als der IS, sowohl im arabischsprachigen Raum als auch im Rest der Welt. Der IS finde in den Sozialen Medien immer neue Wege, seine Darstellungen zu verbreiten. Dieses Argument wird durch die oben beschriebenen Entwicklungen, wie Smartphone-Apps und Online-Brigaden, gestützt. Weiss und Hassan (2015: 177f.) berichten zusätzlich von Hacker-Angriffen durch IS-Unterstützer, unter anderem auf CENTCOM, das Regionalkommandozentrum der US-Streitkräfte im Nahen Osten, was Rückschlüsse auf die technische Versiertheit der IS-Unterstützer zulässt. Um aber den Fokus auf dem globalen Erfolg des IS in den Sozialen

Medien zu belassen, ist die Frage unausweichlich, wieso das Propaganda-material des IS nicht zensiert oder gelöscht wird. Eine weltweite Zensur der globalen IS-Propaganda in den Sozialen Medien sei in der Tat schwierig, da keine weltweit einheitliche Definition von Terrorismus existiert, so Stern und Berger (2015: 133). Barrett (2014: 52) ergänzt, dass zudem die Masse an Material und die Vielzahl an Unterstützern eine Zensur erschweren würden. Aber Stern und Berger (2015: 134ff; 165ff.) erörtern in ihrer differenzierten Analyse auch das individuelle Scheitern einzelner, westlicher Plattformen bei der Zensur des brutalen Propagandamaterials des IS. Sie sprechen grundsätz-lich von einem allgemeinen Versagen der großen Internet-Plattformen wie Facebook, Youtube, Google und insbesondere Twitter, obwohl die Zensur dieses Materials, technisch und administrativ betrachtet, ein leichtes Spiel für diese Anbieter wäre. Dass insbesondere Twitter hier lange versagt habe, erklärt zu Genüge, warum diese Plattform über die längste Zeit das Medium der Wahl für den IS war (vgl. Stern, Berger 2015: 68). Jedoch gäben sich diese Plattformen mittlerweile mehr Mühe, vor allem aufgrund der großen öffentlichen Empörung, um die brutale und hetzerische IS-Propaganda zu blo-ckieren. Da sich mit zunehmenden Zensurbemühungen auch eine tatsächliche Reduzierung der Online-Präsenz der IS-Propaganda zeigte (vgl. Stern, Berger 2015: 170ff.) wird deutlich, dass eine hartnäckige und konstante Bekämpfung der globalen Propaganda Früchte tragen kann und weiterhin notwendig ist, um etwaigen Strategiewechseln des IS entgegenzuwirken. Auch Todenhöfer (2015: 133) berichtet auf Grundlage von Interviews mit Kämpfern, dass der IS nun, nach den wiederholten Sperrungen der offiziellen IS-Profile in den Sozialen Medien, von offiziellen Profilen gänzlich abgelassen habe und sich nun einzig auf die dezentrale Propagandaverbreitung verlasse.

Bei der Zensur dieser Art der Verbreitung taucht allerdings ein Problem auf, das in der Literatur einstimmig mit dem mythologischen Bild der Hy-dra beschrieben wird (vgl. Barrett 2014: 54; Lister *in* Dodge, Hokayem 2014: 80; Saltman, Winter 2014: 41f.; Stern, Berger 2015: 136). Sobald die Profile dieser individuellen Unterstützer zensiert oder gesperrt werden, erscheinen manchmal innerhalb von Minuten neue, zum Teil auch mehrere neue Profile, die wiederum mit den zensierten, gesperrten Profilen vernetzt sind. Der Vergleich zur Hydra verdeutlicht aber auch den einzigen Weg, diesem dezentralen, vielköpfigen Unterstützernetzwerk entgegenzutreten, nämlich ebenso wie der mythologischen Hydra.

Eine weitere Komponente der globalen IS-Propaganda ist der Rückgriff auf Geiseln, die als Reporter vor den IS-Kameras die Normalität des Alltags im IS präsentieren sollen. Dieser Missbrauch zu Propagandazwecken wird besonders deutlich am Beispiel des Briten John Cantlie (vgl. Reuter 2015: 203ff.; Stern, Berger 2015: 123).

Inhaltlich weicht die globale Propaganda wenig von der lokalen ab, da auch hier Utopie und Brutalität kombiniert präsentiert werden. Die Brutalität dient hier, so Steinbergs (2015: 166f., 173) fundierte These, den Westen herauszufordern, damit dieser Bodentruppen gegen den IS schicke. Zwar hätte der IS keine allzu guten Siegchancen gegen diese Truppen, aber seine Chancen ständen immerhin besser als gegen Drohnen und Kampfflugzeuge, denen er nichts entgegenzusetzen hat. Zudem würden westliche Bodentruppen der IS-Narrative von der Verschwörung des Westens gegen die Muslime in die Hände spielen. Die Utopie-Narrative in der globalen Propaganda dient hingegen vor allem der globalen Rekrutierungsstrategie, welche nachfolgend erörtert werden soll.[59]

---

59 Ergänzung zur globalen Propaganda des IS:
Eine neuere Untersuchung des globalen Medienoutputs des IS von Charlie Winter vom Oktober 2015 zeigt allerdings, dass alle bisherigen Schätzungen untertrieben sind und dass die Zensur bei dem großen Volumen an verbreitetem Propagandamaterial kaum gelingen wird (vgl. Winter 2015: 5). Die Narrative des IS zeige sich hingegen konsistent. Winter (2015: 38) zählt sechs Kategorien in dieser Narrative auf: Gnade, Zugehörigkeit, Brutalität, Opferstatus, Krieg und Utopie. Innerhalb der Narrative hätte der IS seine Schwerpunkte sehr flexibel verlagern können, weshalb aktuell die ersten drei Kategorien nur knapp vier Prozent der gesamten Propagandanarrative ausmachen. Über die Hälfte der Propaganda fülle aktuell die Kategorie Utopie, also das zivile Leben im IS, von Wirtschaft, über Soziales, Natur, Recht und Ordnung und die Umsetzung und die gelebte Religion (vgl. Winter 2015: 39). Militärische Propaganda sei demnach die zweitgrößte Kategorie, um den Eindruck des immer expandierenden, erfolgreichen Kalifats zu vermitteln (vgl. Winter 2015: 39). Gewalt und Brutalität seien auch in dieser Kategorie vertreten und daher immer noch ein Markenzeichen des IS, aber der Fokus der Propaganda habe sich extrem zugunsten eines „ideologischen und politischen Anreizes" (Winter 2015: 6), also der Utopie-Narrative, verändert. Dies belegt wiederum, wie der Beitrag zur Rekrutierung zeigen wird, dass die Anheuerung von Fachpersonal zum Aufbau des eigenen Staates für den IS stark an Priorität gewonnen hat.

6.4 Rekrutierung

Der IS hat die Rekrutierung von dschihadistischen Rekruten durch seine offensive Propagandastrategie revolutioniert (vgl. Stern, Berger 2015: 159ff.). Generell war dschihadistische Propaganda anfangs schwer zu finden und derartige Foren nur bereits Eingeweihten oder Geheimdiensten bekannt. Der IS revolutionierte dies durch eine Überflutung des Internets mit Propaganda, sodass diese für jedermann zugänglich wurde (vgl. Stern, Berger 2015: 165ff.). Der Höhepunkt dieser Propagandaflut, um die Rekrutierung erfolgreich zu gestalten, wurde im Zuge der Ausrufung des Kalifats erreicht und gipfelte in der perfekten Inszenierung des Auftrittes Baghdadis als neuer Kalif (vgl. Stern, Berger 2015: 116ff.). Potenzielle IS-Rekruten, so stellen Saltman und Winter (2014: 42) fest, würden trotz der Revolution der Rekrutierungsmechanismen größtenteils zunächst offline den extremistischen Ideologien durch lokale Akteure ausgesetzt. Das Internet diene anschließend – durch die revolutionären Veränderungen des IS besser als je zuvor – als Katalysator zur Radikalisierung und Sozialisierung der Rekruten. Weiss und Hassan (2015: 176) unterschreiben dies und ergänzen, dass in der Rekrutierungspropaganda neben der Narrative der Utopie im IS auch ganz gezielt die ideologisch angehauchte Endzeit-Narrative eingesetzt wird. Während die Endzeit-Narrative der Rekrutierung von Kämpfern für die anstehende letzte Schlacht zwischen Gut und Böse dient, wird die Utopie vor allem propagiert, um den eigenen Staatsaufbau voranzutreiben und die dafür benötigten Technokraten und Experten verschiedener Fachbereiche, wie Rechtsgelehrte, Richter, Ingenieure, Beamte und Ärzte, zur Migration in den IS zu bewegen (vgl. Al-ʿUbaydi et al. 2014: 74f.; Khatib 2015: 9ff.; Rosiny 2014: 5).

Die innere Motivation der globalen IS-Rekruten, ob nun für die Front oder die Administration, ist meist die Sehnsucht nach persönlicher Identität, Zugehörigkeit, Macht, Geld und Abenteuer. Viele befinden sich zudem auf einer persönlichen Sinnsuche. Der IS verspricht eine Erfüllung dieser Sehnsüchte und vermittelt mit seiner Narrative vom Aufbau einer neuen, utopischen Gesellschaft, dass die Rekruten Teil von etwas Großem sein könnten und dass sie persönlich gebraucht würden (vgl. Barrett 2014: 9; Khatib 2015: 9; Stern, Berger 2015: 72f., 81ff.). Stern und Berger (ebd.) fügen hinzu, dass zusätzlich auch äußere Einflüsse, wie der syrische Bürgerkrieg, Motivation zum Anschluss an den IS sein können. Hier ergänzen

Weiss und Hassan (2015. 164ff.) passend, dass sich viele lokale Rekruten dem IS auf der Suche nach persönlichem Schutz oder aus Rache gegen andere Gruppen anschließen. Um die weitere Sozialisierung der Rekruten auch nach der Ankunft im IS zu beschleunigen und den Zusammenhalt zu stärken, so Steinberg (2015: 170), würden sämtliche Neuankömmlinge im IS oft nach Nationalität und Sprache getrennt voneinander untergebracht und ausgebildet. Viele Rekruten, so Weiss und Hassan (2015: 173f.) und Stern und Berger (2015: 90f.) weiter, würden vor Ort jedoch desillusioniert, da in der Propaganda versprochene Hoffnungen auf Ruhm und Utopie an der rauen Realität im IS zerschellen.

Dennoch sind bisher 15.000 bis 20.000 Rekruten dem Aufruf des IS gefolgt, um in der IS-Administration, als Kämpfer oder als Propagandawerkzeug/-produzenten[60] mitzuwirken (vgl. Reuter 2015: 303; Saltman, Winter 2014: 44; Steinberg 2015: 150, 165ff.). Um dies in ein Verhältnis zu setzen: Das sind mehr, als alle anderen dschihadistischen Schauplätze der Welt in den letzten Jahrzehnten zusammen angezogen haben (vgl. Steinberg 2015: 170). Stern und Berger (2015: 80ff.) wollen sich allerdings nicht der Ungenauigkeit und der Unzuverlässigkeit dieser Schätzungen hingeben und konzentrieren sich daher auf eine in der Fachliteratur einmalige Analyse der Rekruten-Zielgruppe, welche ihren Ergebnissen zufolge hauptsächlich männlich, zwischen 18 und 29 Jahren alt, und meistens Konvertiten seien. Diese Zielgruppe habe meist wenig Wissen über die Religion selbst und sei daher besonders anfällig für die IS-Ideologie. Insbesondere den letzten Punkt bestätigten auch Weiss und Hassan (2015: 156) und Barrett (2014: 9).

Neben der Hauptzielgruppe werden aber auch bewusst verhältnismäßig viele Frauen angeworben und werben wiederum selbst an (vgl. Saltman, Winter 2014: 47; Stern, Berger 2015: 89). Dies seien meistens extrem konservativ-islamische Frauen, die zum ersten Mal durch die revolutionäre Propagandaflut des IS, auch zu Hause durch die IS-Propaganda erreicht

---

60 Westliche Rekruten dienen als Propagandawerkzeug, da diese erstens zur Attraktivitätssteigerung des IS für weitere westliche Rekruten beitragen und zweitens das Versagen der westlichen Gesellschaften und deren Politik offenbaren. Sie dienen zudem als Propagandaproduzenten, da westliche Rekruten oft gute Internet- und Medienkenntnisse, zum Teil sogar hervorragende technische Ausbildungen, mit sich bringen (vgl. Lister in Dodge, Hokayem 2015: 81; Stern, Berger 2015: 86ff., 113).

werden. Von dort aus können sie gleichsam eben diese Propaganda weiter verbreiten und Reisen in den IS organisieren (vgl. Wood 2015). Die gezielte Rekrutierung von Frauen und wenn möglich ganzer Familien sowie deren Darstellung in der Propaganda (vgl. Stern, Berger 2015: 92f.), sind ein eindeutiges, erneutes Zeichen dafür, dass der IS eine komplette, neue Gesellschaft errichten will.

Die abschließende Frage, wie das Männer-Frauen-Verhältnis, aber auch das Verhältnis zwischen lokalen und globalen Rekruten aussieht, ist nicht eindeutig zu beantworten. Auf Grundlage der Fachliteratur lässt sich zum Mehrheitsverhältnis zwischen Irakern, Syrern und weltweiten Rekruten innerhalb der IS-Ränge keine Einigkeit herstellen. Hier widersprechen sich am deutlichsten Mahadevan (2014: 3f.), der ausführt, mindestens die Hälfte aller Kämpfer seien Fremde, und Steinberg (2015:110), der meint, die überwiegende Mehrheit der Kämpfer seien Iraker und Syrer. Barrett (2014: 15ff.) hilft mit seinem Beitrag, der IS sei keine einheimische Organisation, da er Rekruten aus 81 Ländern hätte, bei dieser Frage auch nicht weiter. Es ist vermutlich auch eine Frage des Standpunktes, wie Todenhöfer (2015: 192, 201) anmerkt, da durch die hohe Anzahl an Irakern in der IS-Führung, der IS im Irak wahrscheinlich eher als einheimisch, in Syrien hingegen eher als fremd und ausländisch wahrgenommen wird.

Als letzter Punkt bezüglich der Rekrutierungsstrategie des IS sei erwähnt, dass der IS nicht davor zurückschreckt, Hunderte von Kämpfern zu opfern, um zu siegen und diesen Sieg anschließend medial inszeniert, um im Zuge dieser Siegespropaganda tausende neue Rekruten anzuwerben (vgl. Khatib 2015: 18).

6.5 Exklaven-Politik und die Terrorgefahr im Westen

Kurz vor Ende dieses Kapitels soll ein thematischer Exkurs zur transnationalen Exklaven-Politik des IS gemacht werden. Zwar brachte die Ausrufung des Kalifats nicht sofort die erhoffte Anzahl an Treue-Schwüren. Dennoch löste sie große Loyalitätsbekundungen von der arabischen Halbinsel, aus Nordafrika sowie Asien aus. Insbesondere seien hier Tunesien, Libyen, Ägypten, Nigeria, Indonesien, Malaysia, Afghanistan und Pakistan sowie die Philippinen zu nennen (vgl. Barrett 2014: 14; Hippler 2015: 169; Reuter 2015: 294ff.; Stern, Berger 2015: 178ff.). Stern und Berger werden noch expliziter und führen aus, dass der IS offiziell Treueeide angenommen und Exklaven-Provinzen in Saudi-Arabien, Jemen, Ägypten, Libyen und Algerien ausgerufen habe. Dorthin seien auch direkte Vertreter des IS entsandt worden, was von einer viel stärkeren Kontrolle der Provinzen spräche, als man es von al-Qaida und deren Filialen gewohnt sei. Offensichtlich ist daher wohl der strategische Wille des IS zur Expansion, jedoch stellen Stern und Berger ebenso wie Khatib (2015: 24) infrage, ob und wie die Kontrolle und zentrale Steuerung dieser Provinzen gelingen kann. Dies sei zeitlich, personell und finanziell noch sehr schwierig für den IS.

Was die im Westen oft diskutierte, möglicherweise gestiegene Anschlagsgefahr anbelangt, so findet die Fachliteratur eine einstimmig negative Einschätzung. Zwar ruft der IS seit dem Beginn der Luftschläge der Anti-IS-Koalition auch zu Attacken im Westen auf, allerdings wurden alle bisherigen Anschläge *nur* im Namen des IS verübt. Es bestand nie ein Kontakt oder eine direkte Verbindung zwischen Attentäter und dem IS. Dies widerspräche auch den Ambitionen des IS, zunächst den Nahen Feind zu besiegen sowie den eigenen Staat zu konsolidieren und zu vergrößern. Dementsprechend wären koordinierte Angriffe am wahrscheinlichsten in Jordanien, dem Libanon und Saudi-Arabien (vgl. Barrett 2014: 39; Reuter 2015: 283ff.).[61] Stern und Berger (2015: 97ff., 200f.) sowie Reuter (2015: 300f.) ermahnen allerdings, dass Einzelangriffe im Westen möglich bleiben und werfen in diesem Zusammenhang besonders die Frage nach dem richtigen Umgang mit Rückkehrern aus dem IS auf. Steinberg (2015: 179ff.) verweist ebenfalls darauf, dass der IS seine derzeitige Taktik ändern könne, hält aber fest, dass al-Qaida aktuell immer noch die größere Gefahr für den Westen darstelle. Saltman und Winter (2014: 43) sowie Wood (2015) argumentieren gleichsam, dass diese Einzelattacken nicht der Ideologie des IS entsprächen, sondern dass dieser eher weiter versuchen werde, Personal und Kämpfer zu rekrutieren, um sein utopisches Kalifat zu errichten.

---

61 Ausgenommen sind hier die zahllosen Anschläge im Irak und in Syrien, die zur militärischen Strategie des IS gezählt werden.
   Nachtrag: Die koordinierten Anschläge in Saudi Arabien Anfang Juli 2016, unter anderem auf die Prophetenmoschee in Medina, bestätigen diese Annahmen (vgl. Hermann 2016).

Diese Befunde unterstreichen Hegghammer und Nesser (2015:15ff.) mit ihrer groß angelegten empirischen Studie zur Anschlagsgefahr im Westen. Einzelne Anschläge seien maximal inspiriert durch den IS und seinen Aufruf zum „individuellen Dschihad" (2015: 17f.). Von jenen Menschen, die weder im Kernland des IS waren noch Kontakt zu IS-Funktionären oder Sympathisanten hatten, sondern sich alleine radikalisierten, gehe statistisch gesehen, so Hegghammer und Nessers Ergebnis, weiterhin die größere Terrorgefahr im Westen aus. Eine allgemein größere Gefahr für den Westen, so befinden Christoph Günther (*in* Biene, Schmetz 2015: 16f.), Reuter (2015: 245ff.) sowie Stern und Berger (2015: 233ff.), stelle allerdings die unbedachte Reflexion des Schwarz-Weiß-Denkens des IS im öffentlichen und medialen Diskurs dar. Dies würde im Westen nur weitere Ängste schüren und die Rhetorik des IS bestärken.[62]

6.6 Viertes Zwischenergebnis

Am Ende dieses Kapitels bleibt zusammenfassend als verlässliches, viertes und letztes Zwischenergebnis für das Gesamtbild festzuhalten, dass es der IS trotz der Risiken meisterhaft geschafft hat, sich die modernen Medien zu Propaganda- und Rekrutierungszwecken zunutze zu machen. Cockburn

---

62 Die Befunde dieses Kapitels werden durch die Anschläge auf die russische Passagiermaschine auf der Sinai-Halbinsel sowie durch die Anschläge in Paris, Brüssel, Istanbul und Jakarta untermauert. Soweit es die bisherigen Analysen zeigen, sind die Anschläge nicht zentral aus dem IS-Kernterritorium oder gar von der IS-Führung selbst angeordnet, geplant oder organisiert worden. Vielmehr handelte es sich bei den Attentätern jeweils um selbstständig radikalisierte Sympathisanten, die die Anschläge im Namen des IS verübten. Dies macht sie selbstverständlich nicht weniger gefährlich, unterstreicht aber die in der Fachliteratur zu dieser Thematik angeführten Empirie-Studien und Thesen. Diese Anschläge dienen der IS-Führung als Provokationsmittel für ihre Propaganda sowie als Ablenkung von ihren Verlusten und Rückschlägen in ihrem Kernland. Darüber hinaus sparen diese selbstausgeführten und eigens geplanten Attentate von Anhängern rund um die Welt der IS-Führung viel Zeit, Geld und Organisationsaufwand, welche die IS-Führung auf ihr eigentliches Projekt verwenden kann.
Je größer aber die Verluste und Rückschläge des IS in seinem Kernland werden, desto häufiger wird es auch zu Anschlägen im Westen durch selbstständig radikalisierte Sympathisanten kommen, die das Kalifats-Projekt in Gefahr sehen und den IS auf diese Art unterstützen wollen.

(2015: 127f.) erkannte den interessanten Widerspruch zwischen Ideologie und transnationaler Vernetzung: Der IS beherrscht auf der einen Seite modernste Medientechniken exzellent und nutzt diese exzessiver als viele andere moderne politische Bewegungen, aber gleichsam fordert er ideologisch eine Gesellschaft nach dem Vorbild der islamischen Frühzeit und die Abkehr von jeglichen Neuerungen.[63] Dies ist aber ein zusätzlicher Erklärungsfaktor, warum der IS so stark kontrolliert, *was* veröffentlicht wird, nicht jedoch *wie* dieses Material letztendlich verbreitet wird. Eine neuartige Mischung aus demoralisierender, einschüchternder Brutalität sowie stimulierender, reizvoller Utopie sind dabei die inhaltlichen Schwerpunkte, sowohl in lokaler als auch in globaler Propaganda. Sie symbolisieren sowohl die Zerstörungswut als auch den Willen des IS etwas Neues aufzubauen (vgl. Stern, Berger 2015: 73). Dieses Argument wird dadurch weiter untermauert, dass der IS mittlerweile bemüht ist, nicht nur Kämpfer, sondern auch administrative Kräfte sowie Frauen und ganze Familien zum Aufbau seiner neuen Gesellschaft zur Migration in die Gebiete des IS aufzurufen. Dieser primäre Fokus auf Expansion sowie einen Gesellschaftsaufbau erklärt, warum keine direkt gesteigerte, internationale Terrorgefahr vom IS ausgeht, der IS wohl aber eine internationale Exklaven-Politik betreibt, mittels der er bereits jetzt versucht zu expandieren und sein brutal-utopisches Gesellschaftsmodell zu exportieren.

Die transnationale Vernetzung lässt sich mit einem wiederholten Blick auf die Forschungsfrage und den theoretischen Rahmen eindeutig als terroristisch verorten. Die dezentrale, transnationale Verbreitung von Propaganda und Rekrutierung und die denen zugrunde liegenden Netzwerkstrukturen sind eindeutige Charakteristika einer Terrororganisation im Sinne des modernen, Neuen Terrorismus. Die Art und Weise der Kommunikation spiegeln zudem klar den Forschungsansatz des Terrorismus als Kommunikationsstrategie wider. Einzig die territoriale Expansion des IS in Gebiete weit abseits seines Kernterritoriums ist weder eindeutig dem Terrorismus, noch der Guerilla oder dem Phänomen Staat zuzuordnen und in dieser Form ein Novum.

---

63 Dieser Widerspruch ist allerdings durch den in dieser Arbeit bereits erarbeiteten Einfluss der Opportunisten und Strategen im IS abzuschwächen, die Effizienz über ideologische Legitimation stellen.

7. Fazit – Zusammenfassung, Auswertung und Schlussfolgerungen

Am Ende dieser systematisch-kritischen Studie steht sowohl ein gesichertes, inhaltliches Gesamtbild als auch die Möglichkeit der Bewertung von Stärken und Defiziten im Forschungsstand „Islamischer Staat". Darauf aufbauend soll eine abschließende Analyse erfolgen, in der durch die neuen inhaltlichen Erkenntnisse die Forschungsfrage beantwortet wird. Hier soll ebenfalls ein Bezug auf den zu Beginn aufgestellten konzeptionellen und theoretischen Rahmen der Terrorismusforschung hergestellt werden. Abschließend werden auf Grundlage der empirischen und theoretischen Ergebnisse Schlussfolgerungen und Hypothesen für das weitere, mögliche oder notwendige Handeln aufgestellt.

7.1 Zusammenfassung und Gesamtbild

Die inhaltlichen, als verlässliche Informationen zu bezeichnenden, Erkenntnisse, die die vier Zwischenergebnisse der substanziellen Kategorien ergaben, lassen sich hier in einen gemeinsamen Rahmen eines größeren Gesamtbildes zusammenbringen und wie folgt summieren:

Der IS handelt nach einer dschihadistisch-salafistischen Ideologie mit einer so ausgeprägten *takfir*-Praxis, dass diese als integraler Bestandteil der Ideologie betrachtet werden muss. Diese Ideologie ist trotz allem religiösen Extremismus nicht weniger islamisch als andere Interpretationen des Islams und dient vor allem der Legitimation nach innen und außen. Zwar finden sich auch politische Opportunisten in den Reihen des IS wieder, doch ist es angesichts der militärischen Erfolgsserie des IS bis Mitte 2014 nicht verwunderlich, dass sich auch Opportunisten, die sich nur aus reinem Machtkalkül bereichern wollen, in den Rängen des IS befinden. Diese Opportunisten und Strategen schaden der Ideologie jedoch nicht, sondern tragen elementar zu ihrer erfolgreichen Umsetzung und der strategischen Effizienz des IS bei.

Diese Ränge des IS formen eine Organisationsstruktur, welche der hierarchischen Struktur von totalitären Regimen gleicht. Man kann im Falle des IS daher von einer totalitären Theokratie sprechen. Zudem besitzt der IS eine ausgeprägte, mehrfache Geheimdienststruktur, die parallel zur Hierarchie verläuft. Dies ist, angesichts der Vergleichbarkeit zu totalitären Regimen, nicht wirklich verwunderlich und bestätigt eher die Vergleichbarkeit als sich dieser in den Weg zu stellen. Eine weitere wichtige Erkenntnis ist, dass die Organisationsstruktur zunehmend institutionalisiert, nicht personalisiert wird.

Militärisch innovativ zeigte sich der IS bei der Kombination und parallelen Anwendung von Terrorangriffen, Guerilla-Taktiken und konventioneller Kriegsführung. Er zeigt sich zudem anpassungsfähig sowie strategisch versiert und flexibel, wie die Veränderung hin zu einer eher defensiven Strategie im Zuge der Luftangriffe offenbart hat. Die zivile Administration und Ordnung lässt sich am besten als eine totalitäre Ordnung durch ideologische und geheimdienstliche Kontrolle sowie durch Gewalt und Brutalität beschreiben. Der Versuch, ein Gewaltmonopol und eine Verwaltung und Infrastruktur aufzubauen, zeugen von der längerfristigen Planung des IS. Seiner Ideologie bedient er sich derweil zur Formung einer neuen Gesellschaft. Jedoch könnte sich der IS in einen Teufelskreis der Brutalität begeben haben, aus dem er ohne Verlust des Stärkeimages nicht mehr herauskommen kann. Finanziell steht der IS vor einem großen Umbruch. Während in den vergangenen Jahren und Monaten seine Beuteökonomie und die mafiösen Schwarzmarkt- und Besteuerungsstrukturen für mehr als ausreichend Kapital sorgten, werden der Expansionsstopp und die Zerstörung der Öl-Infrastruktur diesen Kapitalfluss erheblich stören, wenn nicht zerstören. Der Versuch des IS, eine Binnenökonomie aufzubauen, zeugt von dem Versiegen alter Kapitalflüsse und der Notwendigkeit neuer Finanzierungsquellen. In seiner Bündnispolitik ist der IS pragmatisch. Er hält nur kurzweilige Allianzen aus strategischem Interesse, wie zum Beispiel mit Assad, aufrecht. Ansonsten bedeutet Allianz für den IS Unterwerfung unter seine Autorität, wie die Stammespolitik verdeutlicht hat. Die Devise „Teile und Herrsche" ist hier die Prämisse des Handelns des IS.

Bezüglich der transnationalen Vernetzung lässt sich abschließend festhalten, dass der IS seine Propagandamaschine sowohl lokal als auch global bemüht, um sowohl mit demoralisierenden, brutalen Darstellungen Angst zu verbreiten als auch mit einem utopischen Wohltäter- und Siegerimage neue Rekruten für die eigene Sache anzuwerben. Bei der Rekrutierungsstrategie des IS lässt sich ein Wandel beobachten, da zunehmend nicht nur Kämpfer, sondern auch Verwaltungsexperten und zivile Fachkräfte mit ihren ganzen

Familien angeworben werden, um den Aufbau einer kompletten, neuen Gesellschaft voranzubringen. Die Exklaven-Politik des IS ist eine relativ neue Strategie, durch die dieser omnipräsent erscheinen und expandieren will. Von einer gesteigerten Terrorgefahr im Westen durch den IS selbst ist vorerst nicht zu sprechen, jedoch von einer ernst zu nehmenden, wachsenden Bedrohung durch Anschläge von selbstständig radikalisierten Sympathisanten.

7.1.1 Stärken und Defizite in der Fachliteratur

Grundsätzlich lässt sich hier festhalten, dass keines der untersuchten Elemente aus der Fachliteratur dem gezeichneten Gesamtbild widerspricht. Dennoch konnten oder mussten knapp 50% des Rohmaterials an Informationen aufgrund der aufgestellten Kriterien in der Operationalisierung aussortiert werden. Den größten Anteil daran machten überflüssige und doppelte Informationen aus, gefolgt von unzuverlässigen und einem verschwindend kleinen Teil von logisch inkonsistenten Informationen. Konkrete *Zitier-Kartelle* innerhalb der untersuchten Literatur konnten nicht ausgemacht werden.[64] Zur allgemeinen Quellenlage lässt sich des weiteren festhalten, dass die verschiedenen Autoren oftmals gleiche Quellen als Beleg verwendet haben, an vielen Stellen aber auch ganz unterschiedliche. Jeder Autor hat gemäß seines Hintergrundes und Anspruches einen anderen Schwerpunkt oder Argumentationsstrang verfolgt und ist unterschiedlich ausführlich. Daher, nimmt man sich Literatur nur vereinzelt vor, kann man in der untersuchten Fachliteratur auch noch weitere, hier nicht erwähnte Informationen finden, die aber eher für andere Zwecke, wie einer anderen Forschungsfrage oder der Aufklärung einer breiten Öffentlichkeit, dienlich sind.

Besonders ausführlich, klar und stark ist die Fachliteratur bezüglich der Kategorien Ideologie und transnationale Vernetzung. Hier konnten die

---

64 Einen Beleg für die Nicht-Existenz von Zitier-Kartellen ist so schwer zu erbringen wie jeder Nachweis einer Nicht-Existenz. Es bleibt einzig der Verweis auf die vielfältigen und unterschiedlichen Literatur- und Quellenangaben der Autoren, sowie die Parallelität der Erscheinungen ihrer Werke: fast sämtliche untersuchte Literatur ist parallel zueinander und zeitgleich zum Erstarken des IS erschienen. Als einzig auffällig häufig zitierter Beitrag ist jener von R. Barrett zu zählen, der aufgrund seiner frühen Erscheinung aber naturgemäß öfter zitiert werden kann, als spätere Beiträge.

meisten klaren Informationen zusammengetragen und von der Fachliteratur nachhaltig, zum Teil durch empirische Auswertungen, belegt werden. Der einzige in diesen Kategorien größere Dissens wurde durch Reuters Argumentationsstrang des politischen Opportunismus hervorgerufen. Dieser kann aber zum einen im Zusammenspiel mit den anderen Autoren im Gesamtbild der Ideologie, zum anderen durch Reuters Bestrebungen vor allem die Organisationsstruktur als Geheimdienstorganisation zu enttarnen, aufgelöst und überwunden werden.

Etwas schwammig und defizitärer stellte sich die Fachliteratur hingegen in den Kategorien Organisationsstruktur und Handlungsform dar. Hier mangelte es am häufigsten an hinreichend nachhaltigen Belegen der unterschiedlichen Argumentationen. Vielmehr wurden hier die wenigen überprüfbaren Informationen als Grundlage genommen und durch die Autoren der Fachliteratur durch ihre Expertise und logisch konsistente Argumentationsstränge miteinander verbunden. Zum Teil erschienen in diesen Kategorien aber auch Spekulationen oder auf IS-eigenen Quellen beruhende Angaben. Erst durch die Kombination der Argumentationsstränge in der Breite der untersuchten Fachliteratur ließ sich hier eine Vielzahl an schwammigen, unzuverlässigen oder gar falschen Informationen aussortieren. Dennoch wäre hier weitere Forschung und die Suche nach stichfesten Belegen angeraten, um das gezeichnete Bild in diesen Kategorien nachhaltig zu untermauern.

Eine erstaunlich große Lücke, nahezu ein blinder Fleck in der Fachliteratur zum Islamischen Staat, existiert hinsichtlich der regionalen Rivalität zwischen Saudi-Arabien und Iran. Gleich welche Konfliktlinien der Region untersucht werden, man kommt nicht umher, über die Rivalität der beiden Großmächte am Persischen Golf zu sprechen. Umso erstaunlicher ist es, dass diese Rivalität in der Fachliteratur zum Islamischen Staat nur an zwei Stellen auftaucht und dass nur am Rande des Schismas zwischen Sunniten und Schiiten (vgl. Cockburn 2015: 97ff.) oder bezüglich der Feindschaft beziehungsweise Unterstützung gegenüber der syrischen Regierung (vgl. Said 201: 175ff.).[65] Eine ebenso spannende Frage ist die stark unterbeleuchtete

---

65 Um dies in ein Verhältnis zu setzen: Der Konflikt zwischen der Türkei und den Kurden taucht in fast jedem längeren Beitrag in der Fachliteratur zum Islamischen Staat auf, ebenso wie die Rivalität zwischen Russland und den westlichen NATO-Verbündeten.

Haltung Israels gegenüber diesem neuen Akteur, der offensichtlich eine zukünftige Bedrohung für die Existenz des Staates darstellen könnte. Auch hier ist die Fachliteratur zum Islamischen Staat sehr dünn an Beiträgen.

Bezüglich dieser beiden blinden Flecken in der Literatur und der beiden oben benannten Kategorien, Organisationsstruktur sowie Handlungsform, besteht dringender Nachholungsbedarf und damit verbunden die Aufforderung nach Aufarbeitung an die Fachliteratur zum Islamischen Staat.

7.2 Auswertung der empirischen Ergebnisse

In diesem Abschnitt soll nun die angekündigte abschließende Analyse erfolgen, in der, mittels der neuen inhaltlichen Erkenntnisse der systematisch-kritischen Studie und vor dem Hintergrund des zu Beginn aufgestellten, konzeptionellen und theoretischen Rahmens der Terrorismusforschung, die Forschungsfrage beantwortet wird, wie der Akteur Islamischer Staat in dem trialen Spannungsfeld zwischen Terrorismus, Guerilla und Staat zu verorten ist.

Zunächst lässt sich feststellen, dass die vorläufige Betrachtung des IS als hybrider Akteur sich bestätigt sieht, wenn auch in veränderter Form. Wurde der IS eingangs als Hybrid aus Terrororganisation und Rebellenmiliz betrachtet, so kann diese Formulierung nun korrigiert werden – der Islamische Staat ist ein Hybrid aus Terror- und Guerillaorganisation:

Die durch die Studie herauskristallisierte Ideologie des Islamischen Staates, mit seinem Fanatismus, seiner Narrative von der Apokalypse und dem finalen Kampf zwischen Gut und Böse sowie seiner Errichtung eines islamischen Staates, eines Kalifats, bestätigen die theoretischen Annahmen des *Neuen Terrorismus* in vollem Umfang. Währenddessen verweisen auch die empirischen Befunde bezüglich der transnationalen Vernetzung auf den IS als Terrororganisation: im Sinne der transnationalen, dezentralen Netzwerkstrukturen auf den *Neuen Terrorismus* und im Sinne der Art und Weise der psychologisch und sozial beeinflussenden Rekrutierungs- und Kriegspropaganda sowohl nach innen als auch nach außen auf den *Terrorismus als Kommunikationsstrategie.*

Die in dieser systematisch-kritischen Studie herausgearbeitete Organisationsstruktur des Islamischen Staates entspricht dagegen jener einer Guerillaorganisation. Die in der theoretischen Abgrenzung zwischen Terrorismus und

Guerilla festgehaltenen Kriterien sprechen hier aufgrund der zentralisierten, hierarchischen Strukturen eine klare Sprache. Wie bereits im dazugehörigen Kapitel (4.4) erläutert, entspricht der Versuch, die Organisationsstrukturen dem strukturellen Aufbau eines totalitären Staates anzugleichen, eher dem Selbstanspruch des IS, ohne aber ein hinreichendes Kriterium zu sein, die Organisationsstruktur als staatlich zu identifizieren.

Ähnlich verhält es sich mit Hinblick auf die Handlungsform. Diese ist ebenfalls, mit Blick auf die in der Theorie erfolgte Abgrenzung zwischen Terrorismus und Guerilla, überwiegend der einer Guerillaorganisation entsprechend. Einzige Ausnahme ist hier die Finanzierung des IS, die nicht eindeutig zugeordnet werden kann. Die militärische Strategie, die sich hauptsächlich gegen Kombattanten richtet, ist eindeutig eine Guerilla-strategie. Wie erläutert, verwenden auch Guerillas zum Teil terroristische Angriffe während ihrer Offensiven, weshalb auch dies keinen Widerspruch darstellt. Die harsche, gar drakonische innere Ordnung entspricht, parallel zur zentralen, hierarchischen Organisationsstruktur, der Handlungsweise von Guerillas. Ebenso lässt sich ein Großteil der Bündnispolitik, die Allianzen mit den Stämmen sowie pragmatische Zweck- und Zeitbündnisse mit konventionellen Armeen wie jener des syrischen Staates als Handlungsform einer Guerillaorganisation identifizieren.

Wie bereits beschrieben, ist einzig die territoriale Expansion des IS in Gebiete weit abseits seines Kernterritoriums weder eindeutig Terrorismus noch Guerilla, noch dem Verhalten eines modernen Staates zuzuordnen und in dieser Form daher ein Novum. Weitere Forschung zu diesem Novum sowie zu seinen theoretischen und praktischen Folgen scheint daher dringend angeraten zu sein.

Vor dem Hintergrund dieser Ergebnisse lautet die Antwort auf die formulierte Forschungsfrage:

> Der IS ist zwischen Terrorismus und Guerilla zu verorten. In den Kategorien Ideologie und transnationaler Vernetzung ist der IS dem Terrorismus treu geblieben, während er sich in den Bereichen Organisationsstruktur und Handlungsform zu einer Guerillaorganisation entwickelt hat. Er ist daher ein Hybrid aus Terror- und Guerillaorganisation geworden.

Der Islamische Staat konnte in Teilen sogar seinen Selbstanspruch *Staat zu werden* umsetzen, da er Infrastruktur und Verwaltung sowie eine eigene Form von innerer Ordnung und Sozialpolitik realisieren konnte. Da er damit ein Territorium sowie eine dazugehörige Bevölkerung besitzt und diese in seiner eigenen Form *effektiv* kontrolliert, ist es mit Blick auf die oben angeführte, völkerrechtliche Staatlichkeitslehre de facto möglich, den hybriden Akteur IS einen Staat zu nennen. Das heißt allerdings nicht, dass dies auch nötig ist. Immerhin erfüllt der IS nur die drei völkerrechtlichen Grundvoraussetzungen. Mit Blick auf die eingangs angeführten Theorien der modernen Staatlichkeits- und Souveränitätslehre ist es gleichsam wieder zweifelhaft, ob der hybride Akteur IS als Staat betitelt werden sollte. Wie bereits erläutert, ist es äußerst schwierig, wenn nicht gar unmöglich, das Staats- und Herrschaftsmodell des Kalifats aus dem 8. Jahrhundert und die damit verbundenen Vorstellungen, wie die Nicht-Anerkennung von staatlichen Grenzen, in das heutige Staatensystem nach der Westfälischen Ordnung zu integrieren. Am ehesten wäre diese Problematik dadurch zu überwinden, dass der IS als totalitäre Theokratie bezeichnet würde, da diese Bezeichnung des selbsterklärten Kalifats die beiden Staatsverständnisse am ehesten zu vereinen wüsste.

Die oft gestellte Frage, ob das Staatsprojekt des IS in Zukunft generell gelingen kann, kann an dieser Stelle nicht endgültig beantwortet werden. Aufgrund der substanziellen Ergebnisse dieser Studie lässt sich jedoch vorerst festhalten, dass die derzeitige Ideologie, mit ihrer Nicht-Akzeptanz von Grenzen und anderen Staaten sowie ihrer Aggressivität, weder in das Wertesystem der Staatengemeinschaft seit dem Westfälischen Frieden, noch in jenes des 21. Jahrhunderts passt. Daher werden die IS-Ideologie sowie zusätzlich die aufgezeigten administrativ-zivilen und finanziell-ökonomischen Probleme die Vollendung dieses Projektes stark behindern, um nicht zu sagen, unmöglich machen. Die Frage lässt sich daher nur insofern beantworten, als dass, solange der IS an seiner derzeitigen Ideologie festhält, er nicht sein Staatsprojekt vollenden werden kann.

Fasst man diese Ergebnisse zur Staatlichkeitsfrage zusammen, sollte der Staatsaspekt zumindest vorerst aus der Trias von Terrorismus, Guerilla und Staat herausgenommen werden, da die Bezeichnung des IS als hybriden Akteur aus Terror- und Guerillaorganisation eindeutig bewiesen sowie näher an der Realität aus Sicht der modernen Staatenwelt ist. Somit ist die Forschungsfrage, wie der Akteur Islamischer Staat in dem trialen Spannungsfeld zwischen Terrorismus, Guerilla und Staat zu verorten ist, summa summarum so zu beantworten:

Der Islamische Staat ist ein Hybrid aus Terror- und Guerillaorganisation und wird dies vorerst auch sicher bleiben. Er kann weder nachhaltig noch argumentativ hinreichend als Staat beschrieben werden.

Mit Blick auf die Frage nach neuen Erkenntnissen für die Terrorismusforschung lassen sich neben den soeben bestätigten Aspekten des Neuen Terrorismus und des Terrorismus als Kommunikationsstrategie weitere Ergebnisse festhalten und aufgeworfene Fragen beantworten:

Die erste in der Theorie aufgeworfene Frage war jene nach der zukünftigen Entwicklung der Kommunikationsstrategie des Terrorismus und des terroristischen Kalküls mit Blick auf den rasanten technologischen Fortschritt. Diese kann durch die Ergebnisse der Studie beantwortet werden: Der IS ist mit der Zeit gegangen und hat seine Kommunikationsstrategien, insbesondere seine Mobilisierungs- und Propagandakapazitäten den neuesten technischen Möglichkeiten angepasst sowie dadurch das terroristische Kalkül revolutioniert und perfektioniert. Hier ist es daher möglich von einer Weiterentwicklung des Terrorismus zu sprechen.

Die in der Theorie aufgestellte Frage, ob der IS grundsätzlich eine Weiterentwicklung des Terrorismus darstelle oder ob der IS nur eine neue Strömung im religiösen Terrorismus darstellt, muss dagegen allerdings mit einem ‚weder noch' beantwortet werden: Der IS ist weder eine grundsätzliche Weiterentwicklung des Terrorismus noch stellt er eine neue Strömung im religiösen Terrorismus dar, auch wenn er an vielen Stellen viel extremer geworden ist. Diese Extreme des IS entsprechen vor allem in Hinsicht auf seine Ideologie eher einem real existierenden Musterbeispiel der Theorie des religiösen, Neuen Terrorismus.

Der anfangs angesprochenen These von Neumann (2015), aufbauend auf Rapoports vier Wellen-Theorie, der IS repräsentiere eine neue, fünfte Welle des Terrorismus, muss ebenso, basierend auf den empirischen und theoretischen Ergebnissen am Ende dieser Arbeit, widersprochen werden. In diesem Zusammenhang lassen sich gleichzeitig sämtliche anderen neuen Erkenntnisse für die Terrorismusforschung, die diese Studie liefern konnte, zusammentragen:

Neumann (2015: 68ff.) behauptet in seinem Buch, dass mit dem Tod Osama bin Ladens die vierte Welle des Terrorismus endete und die fünfte Welle des Terrorismus begonnen habe. Der IS sei die erste Organisation dieser Welle. Er argumentiert mit der größeren und veränderten Mobilisierung durch das Internet und der radikaleren Verbreitung des totalen Chaos durch den IS, um dann eine totale Ordnung zu etablieren (vgl. Neumann 2015: 75).

Die Ergebnisse dieser systematisch-kritischen Studie des Forschungsstandes zum Islamischen Staat sprechen allerdings eine andere Sprache. Erstens ist die religiöse Ideologie, wie bereits angeführt, zwar radikaler, aber dennoch dieselbe geblieben. Diese Radikalisierung ist unter anderem mit der Terrororganisation al-Qaida zu erklären, gegen die sich der IS in der dschihadistischen Szene profilieren muss. Wie bereits beschrieben, hat sich zweitens nicht der Terrorismus, mit der erläuterten Ausnahme des terroristischen Kalküls, sondern der Akteur IS sowie seine dschihadistische Anhängerschaft weiterentwickelt. Sie haben ihre Kommunikationsstrategien den neuesten technischen Möglichkeiten angepasst und nutzen die neuen Kapazitäten optimal aus. Zudem haben die Dschihadisten des IS drittens, wie die beantwortete Forschungsfrage belegt, den Weg des *ausschließlichen* Terrorismus verlassen und haben ihre Organisation in einen hybriden Akteur umgewandelt, der die Strukturen sowie einige Techniken und Taktiken von Guerillas übernommen hat. Der Terrorismus war immer schon psychologisch-kommunikativ erfolgreich, jedoch nicht militärisch. Die Übernahme der militärischen Taktiken und des organisationsstrukturellen Aufbaus der Guerillas zeugen daher von der Lernfähigkeit der Köpfe des IS und sind ein Grund für den größeren Erfolg des IS im Vergleich zu anderen, reinen Terrororganisationen.

Da die Dschihadisten des IS ideologisch aber weiterhin dieselben religiösen Maxime anstreben wie al-Qaida oder andere vergleichbare dschihadistische Gruppierungen im islamistischen Terrorismus, befindet sich der IS aus Sicht der Theorien der Terrorismusforschung immer noch in Rapoports vierter Welle des religiösen Terrorismus,[66] beziehungsweise in

---

66 Zudem stellte Rapoport die Wellen-Theorie mit der auf die Geschichte des Terrorismus zurückblickenden These auf, jede Welle dauere eine Generation (30–40 Jahre). Demzufolge, mit dem Beginn der neuesten, religiösen Welle datiert auf 1990, kann die nächste, fünfte Welle erst zwischen 2020 und 2030 anbrechen, weshalb Neumann seine These auch nicht vollständig auf Rapoports Theorie aufbaut, sondern ihr sogar zum Teil selbst widerspricht, wenn er den Beginn der fünften Welle bereits ein Jahrzehnt früher sieht.

Laqueurs Neuem Terrorismus. Daher widerspricht diese Arbeit am Ende deutlich Neumanns These von der neuen, fünften Welle des Terrorismus.[67]

Eine im Zusammenhang mit dieser Argumentation neu aufkommende, zukünftige Forschungsfrage könnte sein, wieso der IS tatsächlich erfolgreicher in seiner Zielerreichung ist als es al-Qaida jemals war. Ist dies der Fall, weil sich der IS von einer reinen Terrororganisation zu einem hybriden Akteur aus Terror- und Guerillaorganisation gewandelt hat? Oder gibt es vielleicht noch andere Gründe für den unterschiedlichen Erfolg der beiden Organisationen? In letzter Zeit ist allerdings zu beobachten, dass je schwächer Guerillahandlungen genutzt werden und je mehr sich der IS wieder *ausschließlich* auf Terrorismus konzentriert, desto mehr verliert er an Boden, desto höher sind seine Territorialverluste im Kernland. Ein Zusammenhang ist daher wahrscheinlich.

Als letztes Fazit dieser ausführlichen Auswertung der empirischen Ergebnisse vor dem Hintergrund des theoretischen Konstruktes kann eine erstaunliche Gemeinsamkeit zwischen dem Ergebnis dieser Auswertung und dem vorab festgestellten Defizit in der Fachliteratur zum IS verzeichnet werden. Die Kategorien, Organisationsstruktur und Handlungsform, die als defizitär in der untersuchten Fachliteratur bewertet werden, sind erstaunlicherweise deckungsgleich eben jene Kategorien, die nicht als klassisch terroristisch identifiziert wurden, sondern mit Struktur und Handlung von Guerillaorganisationen gleichzusetzen sind. Da die untersuchte Fachliteratur zum Forschungsstand, insbesondere die wissenschaftliche Fachliteratur hauptsächlich aus der Terrorismusforschung stammt, ist dieses Ergebnis im Nachhinein weniger überraschend und gleichzeitig ein Appell, die Fachliteratur zum Islamischen Staat auf die Guerillaforschung auszuweiten. Am Ende dieser Studie untermauert diese Gemeinsamkeit allerdings die bisherigen Ergebnisse zur Hybridität des IS noch weiter.

---

67 Neumann (2015: 190f.) relativiert seine strikte Trennung von vierter und fünfter Welle des Terrorismus am Ende sogar selbst, indem er auf die ideologische Nähe und die ähnliche Handlungsweise verweist. Dennoch hält er weiter an seiner These fest und bezeichnet den IS als Übergang von der vierten zur fünften Welle.

7.3 Schlussfolgerungen und Hypothesen

Vor dem Hintergrund der empirischen und theoretischen Ergebnisse lassen sich nun abschließend sowohl Hypothesen zu möglichen oder notwendigen Gegenmaßnahmen generieren als auch gleichzeitig weitere neue Forschungsfragen formulieren.

So weisen Stern und Berger[68] explizit auf das bisherige Versäumnis hin, dass ein Großteil des Kampfes gegen den IS als *Cyberwar* in den Sozialen Medien ausgetragen wird. Kaum ein anderes Schlachtfeld ist so westlich geprägt wie dieses, und doch versäumt der Westen es nach wie vor, mit einer geeigneten, nachhaltigen Gegenstrategie zurückzuschlagen, obwohl die technischen Möglichkeiten dafür auf der Hand liegen. Die Notwendigkeit einer intensiven, wissenschaftlichen Aufbereitung dieser Möglichkeiten ist daher sowohl als Forschungsfrage als auch als erste hypothetische und notwendige Gegenmaßnahme gegen den IS offensichtlich, da nur so die Propagandaschlacht in den Sozialen Medien gegen den IS gewonnen werden kann.

Viele Autoren weisen zudem darauf hin, dass der IS-Ideologie nicht damit effizient begegnet werden kann, indem die Gegner des IS das Schwarz-Weiß-Denken des IS umkehren und zurückwerfen. Hieraus ergibt sich eine zweite Hypothese bezüglich notwendiger Gegenmaßnahmen: Anstatt der Reflexion des Schwarz-Weiß-Denkens muss eine differenziertere Betrachtung des Akteurs und seiner Interpretation des Islams erfolgen, ebenso wie eine Aufarbeitung von mehreren, alternativen Weltanschauungen, um die Wahrscheinlichkeit einer zukünftigen ideologisch-religiösen Eskalation sowie das generelle Rekrutierungspotenzial des IS zu reduzieren. Insbesondere die Erforschung und stärkere Sensibilisierung einer breiteren Öffentlichkeit mit friedlicheren beziehungsweise liberaleren islamischen Alternativen wäre

---

68 Aufgrund seiner Ausdrucksstärke bleibt dieses Zitat unübersetzt: „ISIS has chosen to fight much of its battle with the West on social media. Through a combination of public infrastructure and private companies, the West effectively owns this battlefield, and our failure to control ISIS's messaging is a direct result of our failure to understand and act on that fact. Never before has there been a war where one side controlled the operating environment. Our power over the Internet is the equivalent of being able to control the weather in a ground war – it is not a complete solution, but it should offer an overwhelming advantage if used correctly." (Stern, Berger 2015: 247)

hier erstrebenswert[69], ebenso wie eine intensive Auseinandersetzung mit der gegenwärtigen und zukünftigen Rolle des saudi-arabischen Staatsislams, der aktuell einen sicheren Zufluchtshafen für dschihadistische Ideologien und deren Vertreter darstellt.

Eine schwierige Frage ist die Auseinandersetzung mit militärischen Gegenmaßnahmen. Auch die Autoren der erarbeiteten Fachliteratur sind hier geteilter Meinung. Die eine Hälfte behauptet, militärische Gegenmaßnahmen würden das Leid der Zivilbevölkerung nur vergrößern und diese fester in den Griff des IS treiben. Zeit sei der größte Feind des IS, daher solle man ihn in sich selbst zerfallen lassen, sodass die Bevölkerung die Dystopie des IS erkennen und sich von ihm abwenden könne. Die andere Hälfte der Fachliteratur stellt am Ende allerdings fest, dass Zeit der größte Verbündete des IS sei und je länger er seine Herrschaft ungestört aufrecht erhalten könne, desto mehr Legitimität und Loyalität bekäme er in den Augen der von ihm beherrschten Zivilbevölkerung. Militärische Gegenmaßnahmen rät diese Hälfte daher explizit an, allerdings unter der Beachtung, nicht der Propaganda des IS in die Hände zu spielen.

Die wahrscheinlich beste Antwort auf dieses Dilemma ist, dass beide Seiten sowohl Recht als auch Unrecht haben und dass die richtige Antwort zu finden alles andere als einfach ist. Es ist dennoch umso wichtiger dieses Dilemma offen anzusprechen. Dieser Aufgabe widmet sich diese Studie nun mit der dritten generierten Hypothese, die auf Grundlage der bisherigen Ergebnisse wie folgt ausführlich formuliert wird:

Gezielte Militärschläge gegen die Infrastruktur des IS aus der Luft können dessen Zerfall als Versorger und die Desillusionierung seiner Anhänger beschleunigen. Allerdings muss hier auf eine Minimierung der Kosten für

---

69 In Wood (2015) wird das Beispiel der Strömung des „Quietist Salafism" (frei übersetzt: Stiller Salafismus) angeführt, welche eine genauso wortgetreue und konservative Interpretation der heiligen Texte des Islams darstellt, aber völlig andere Schlussfolgerungen als der IS aufzeigt. Diese Strömung ist zwar auch extrem und nicht als ideologisch moderat zu beschreiben, jedoch ist sie weitaus friedlicher, da sie nicht politisch agiert. Ihrer Interpretation zufolge müssten die Gläubigen in sich kehren und sich selbst reinigen. Gottes Belohnung sei dann die Wiedererrichtung eines Kalifats. Dieses Beispiel soll verdeutlichen, dass sogar nicht-liberale und nicht-moderate Strömungen des Islams friedliche und daher bessere Alternativen zur IS-Ideologie bieten können.

die Zivilbevölkerung geachtet werden, um diese nicht zu radikalisieren. Die Verletzung oder Tötung von Zivilisten lässt sich in dieser Version zwar nicht gänzlich ausschließen, ein einfaches Abwarten und Zerfallenlassen des IS würde aber auch zu erheblichem Leid und gravierenden Todeszahlen in der Zivilbevölkerung führen. Zusätzlich muss beachtet werden, dass der IS ein hybrider Akteur aus Terrorgruppe und Guerillaorganisation ist, der erst noch versucht ein Staat zu werden. Selbst wenn die Luftschläge dem IS also empfindlich zusetzen und ihn weiter in die Defensive treiben können, so können diese dennoch nicht die Untergrundnetzwerke und dezentralen Terrorstrukturen des IS zerstören, durch die bereits ISI nach der Sahwa-Bewegung überdauern konnte. Eine militärische Bodenoffensive gegen den IS ist, trotz der geäußerten Bedenken in der Literatur und auch in dieser Studie, auf lange Sicht daher unausweichlich.[70]

Parallel dazu dürfen aber weder Assad und der syrische Bürgerkrieg noch der Irak und die dortigen konfessionellen Konflikte außer Acht gelassen werden. Eine Stärkung der Bemühungen um nationale Aussöhnungen muss hier erfolgen. Ebenso wenig darf die regionale Bedeutung der lokalen Stämme vergessen werden. Eine langfristige, militärische Lösung zur Beseitigung des IS und zur Befriedung der Region muss daher durch eine politische Veränderung und Lösung der Konflikte in dieser Region begleitet werden. Eine Einbindung der bedeutenden regionalen Akteure Saudi-Arabien und Iran, aber auch Ägypten, Israel und Türkei sind hierbei eine Notwendigkeit. Der Status quo vor dem IS ist definitiv nicht wiederherstellbar, weshalb zur Lösung dieser Konflikte auch die Wissenschaft einen großen Beitrag leisten kann und muss. Ansätze sind hier zwar vorhanden, aber eine Intensivierung der Forschung wäre dringend angeraten.

Diese Hypothese stellt eine, auf Grundlage der Erkenntnisse angeratene, mögliche Gegenmaßnahme dar. Einige Autoren empfehlen, wie oben gezeigt, andere hypothetische, mögliche Gegenmaßnahmen. Egal für welche Gegenmaßnahme/n sich die internationale Gemeinschaft letztendlich als Antwort auf das angesprochene Dilemma entscheiden wird, wichtig

---

70 In diesem Zusammenhang sei erwähnt, dass Bodentruppen nicht zwingend vom Westen kommen müssen, ganz im Gegenteil wäre es sogar weitaus klüger, regionale Akteure zum Kampf gegen den IS zu bewegen, da dies die dadurch entstehenden Propaganda-Möglichkeiten des IS stark einschränken würde.

dabei wird definitiv ein konsequentes und unnachgiebiges Umsetzen sein. Gleichzeitig müssen Veränderungen in Ideologie, Organisationsstruktur, Handlungsform und transnationaler Vernetzung des IS weiter beobachtet, dokumentiert und ausgewertet werden, um zeitnah adäquate Lösungsvorschläge oder notwendige Strategiewechsel bei Veränderungen in diesen Kategorien präsentieren zu können. Hierbei muss der dringende Apell wiederholt werden, die Fachliteratur zum Islamischen Staat auf die neuartige Exklaven-Politik sowie auf die Guerillaforschung, bezüglich nachhaltiger Analysen der Organisationsstruktur und der Handlungsform des IS, auszuweiten. Es bleibt genug zu tun.

Einem großen Fehler, auf den in der Literatur mehrfach hingewiesen wird, soll am Ende erneut und damit doppelt Beachtung durch eine abschließende Hypothese zuteilwerden: Das angesprochene Widerspiegeln des Schwarz-Weiß-Denkens des IS im öffentlichen, medialen und politischen Diskurs ist nicht nur fruchtlos, sondern extrem gefährlich. Eine pauschale Verurteilung von ganzen Bevölkerungs- oder Religionsgruppen als ‚Die Bösen' spielt nicht nur der Rekrutierungspropaganda verschiedener Extremisten in die Hände, sondern zeugt auch von der eigenen beschränkten Weltsicht und der Anfälligkeit für rassistische oder konfessionelle Hetze. Gegenwirkend müssen Gefahren und Problematiken in Relation zur Realität gesetzt bleiben und eine reflektierte, differenzierte Betrachtung von Ideologie und vor allem der Religion ‚Islam' im Diskurs gefordert und gefördert werden. Nur damit, als erstem Schritt, kann zukünftig globale Angst- sowie Kriegstreiberei nachhaltig eingedämmt und verhindert werden.

Abschließend bleiben weiterführende Untersuchungen und Analysen von Veränderungen in den in dieser Studie eingeführten, substanziellen Kategorien sowie von adäquaten militärischen, diplomatischen und politischen Gegenmaßnahmen dringend angeraten, um das Leiden von mehreren Millionen Zivilisten unter der Schreckensherrschaft des IS so schnell wie möglich zu beenden und die chaotischen Konfliktlinien in der Region zu erkennen und zu durchbrechen. Nur so kann Stabilität in den Nahen und Mittleren Osten zurückgebracht werden.

7.4 Schlussbemerkung

Am Ende sei es mir gestattet, die einzigen subjektiven Worte und Anmerkungen einzubringen und direkt an den Leser zu richten. Diese Arbeit war monatelang mit einem höchst möglichen Maß an Objektivität einer Thematik und einem Akteur gewidmet, der sich sowohl subjektiv als auch objektiv betrachtet durch ein kaum zu vergleichendes Maß an menschenverachtender Grausamkeit und brutaler Barbarei charakterisieren lässt. Der Islamische Staat, der vorgibt ein von göttlicher Hand geleitetes, prophetisches Projekt zu sein, konfrontiert die Menschheit mit der größten und brutalsten Barbarei unserer Zeit, von der Wiedereinführung der Sklaverei bis hin zu grausamst inszenierten Ermordungen von Männern, Frauen und Kindern vor laufenden Kameras.

Die Bearbeitung und intensiven, objektiven Studien dieser Thematiken waren angesichts des durch sie verursachten Leides wahrlich nicht immer einfach, weshalb ich zum Abschluss all jenen danken möchte, die mich moralisch, mental und in Gesprächen unterstützt und ob all der Grausamkeiten ermutigt haben, weiterzumachen. Um diesen Gräueln mit purer Menschlichkeit entschieden entgegenzutreten und um Mitgefühl auszudrücken für all jene, die direkt oder indirekt, auf welche Art und Weise auch immer, Opfer dieser Barbarei geworden sind, widme ich jenen und allen, die sich dafür einsetzen, dass die Grausamkeiten des IS überwunden werden, die Zitate zu Beginn und zum Ende dieser Arbeit. Bei all der Objektivität als Selbstanspruch und um alle wissenschaftlichen Standards zu erfüllen, seien mir diese persönlichen, subjektiven Schlussworte gestattet und verziehen. Das Zitat am Anfang ist desillusionierend und entmystifizierend gemeint. Es soll dem IS wortwörtlich das Mystische und Faszinierende absprechen und enttarnen was es wirklich ist: eine von Menschen gemachte, die menschenverachtende Barbarei verherrlichende Organisation, die ebenso von Menschen beseitigt werden kann. Diesen letzten Aspekt betont das sich hieran anschließende Zitat, welches jeden daran erinnern soll, dass wir, ob all der vergangenen, gegenwärtigen und zukünftigen Schrecken des Islamischen Staates, Eines niemals aufgeben sollten: die Hoffnung auf ein gutes Ende.

Märchen erzählen Kindern nicht, dass Drachen existieren.
Denn das wissen Kinder schon.
Märchen erzählen den Kindern, dass Drachen getötet werden können.

— G.K. CHESTERTON

Literaturverzeichnis

Allgemeine Literatur

Alexander, Jonah (1989): Foreword, in: Hanle, Donald (1989): *Terrorism: The Newest Face of Warfare.* Pergamon Brassey's, McLean (Virginia).

Alexander, Jonah (Hrsg.) (1994): *Middle East Terrorism – Current Threats and Future Prospects.* Dartmouth Publishing, Aldershot.

Armstrong, Karen (2000): *The Battle for God.* Knopf/HarperCollins, London.

Arquilla, John; Ronfeldt, David F. (Hrsg.) (2001): *Networks and Netwars – The Future of Terror, Crime and Militancy.* RAND, Santa Monica.

Ayubi, Nazih (2002): *Politischer Islam – Religion und Politik in der arabischen Welt.* Herder, Freiburg.

Baumann, Marcel M. (2013): Kirchliche Beiträge zur nachhaltigen Friedenskonsolidierung in Post-Konflikt-Gesellschaften – Eine Literaturstudie, in: Hanf, Theodor; Rösel, Jakob (Hrsg.), *Studien zu Ethnizität, Religion und Demokratie.* Nomos-Verlagsgesellschaft, Band 15, Baden-Baden.

BBC (2016): *Islamic State confirms key commander Omar Shishani dead,* 13. Juli, online Edition: http://www.bbc.com/news/world-middle-east-36789635 (letzter Zugriff: 13.07.2016).

Behr, Hartmut (2004): *Entterritoriale Politik – Von den internationalen Beziehungen zur Netzwerkanalyse. Mit einer Fallstudie zum globalen Terrorismus.* VS Verlag für Sozialwissenschaften, Wiesbaden.

Bergen, Peter L. (2001): *Holy War, Inc – Inside the Secret World of Osama bin Laden.* Simon and Schuster, London.

Berger, Lars (2007): *Die USA und der Islamistische Terrorismus – Herausforderungen im Nahen und Mittleren Osten.* Ferdinand Schöningh, Paderborn.

Berger, Lars; Weber, Florian (2008): *Terrorismus.* Landeszentrale für politische Bildung Thüringen, 2. Aufl., Erfurt.

Boot, Max (2013): *Invisible Armies: An Epic History of Guerilla Warfare from Ancient Times to The Present.* Liveright, New York.

Burke, Jason (2003): *Al-Qaeda – Casting a Shadow of Terror.* I.B. Tauris, New York.

Crenshaw, Martha (1991): How Terrorism declines, in: *Terrorism and Political Violence*, Vol. 3, Issue 1. Routledge, London, S. 69–87.

Frey, Raymond Gillespie; Morris, Christopher W. (1991): *Violence, Terrorism, and Justice*. Cambridge University Press, New York.

Gemein, Gibsert; Redmer, Hartmut (2005): *Islamischer Fundamentalismus*. Aschendorff Verlag, Münster.

Gerwehr, Scott; Hubbard, Kirk (2007): What is Terrorism? Key Elements and History, in: Bongar, Bruce et al. (Hrsg.) (2007): *Psychology of Terrorism*. Oxford University Press, New York, S. 87–100.

Grimm, Dieter (1987): Der Staat in der kontinentaleuropäischen Tradition, in: ders. (Hrsg.): *Recht und Staat in der bürgerlichen Gesellschaft*. Suhrkamp, Frankfurt a.M., S. 53–83.

Hermann, Rainer (2016): Nicht einmal das Grab des Propheten ist dem IS heilig, in: *Frankfurter Allgemeine Zeitung*, 05. Juli, online Edition: http://www.faz.net/aktuell/politik/ausland/der-is-erklaert-saudi-arabien-den-krieg-14325566.html (letzter Zugriff: 13.07.2016)

Heywood, Andrew (2007): *Politics*. Third Edition. Palgrave Macmillan, Basingstoke.

Hirschmann, Kai (2011): Internationaler Terrorismus, in: Woyke, Wichard (Hrsg.) (2011): *Handwörterbuch Internationale Politik*. Bundeszentrale für politische Bildung, 12. Aufl., Bonn.

Hoffman, Bruce (1993): *"Holy Terror": The Implications of Terrorism Motivated by a Religious Imperative*. RAND, P-7834, Santa Monica.

Hoffman, Bruce (1998): *Inside Terrorism*. Colombia University Press, New York.

Hoffman, Bruce (1999): *Terrorismus – Der unerklärte Krieg: Neue Gefahren politischer Gewalt*. Fischer Verlag, Frankfurt am Main.

Juergensmeyer, Mark (2003): *Terror in the Mind of God – The Global Rise of Religious Violence*, University of California Press, Berkeley.

Kaufmann, Franz-Xaver (2011): Zur historischen und aktuellen Entwicklung des europäischen Staates, in: Blanke, Bernhard u.a. (Hrsg.): *Handbuch zur Verwaltungsreform*. VS Verlag, 4. Aufl., Wiesbaden, S. 3–10.

Kubbig, Bernd W. (1982): (Non)proliferation und Frieden – Die Suche nach einer wirksamen Strategie, in: *Politische Vierteljahresschrift – Zeitschrift der deutschen Vereinigung für Politische Wissenschaft*, 23. Jahrgang, Heft 1. Westdeutscher Verlag, Opladen, S. 46–67.

Kubbig, Bernd W. (2001): Between Self-Restraint and ‚All Options Open': Positioning the US Hegemon in the Democratic/Non-Democratic Divide. Conclusions, in: *Amerikastudien – American Studies A Quarterly*, edited for the German Association for American Studies, Vol. 46 (4). Universitätsverlag C. Winter, Heidelberg, S. 661–686.

Laqueur, Walter (1987): *The Age of Terrorism*. Little Brown, Boston.

Laqueur, Walter (2001): Left, Right, and Beyond – The Changing Face of Terror, in: Hoge Jr., James F.; Rose, Gideon (Hrsg.) (2005): *Understanding the War on Terror*. Council on Foreign Relations, New York, S. 154–164.

Laqueur, Walter (2004): *Krieg dem Westen – Terrorismus im 21. Jahrhundert*. Ullstein Verlag, Berlin.

Malanczuk, Peter (1997): *Akehurst's Modern Introduction to International Law*. Routledge, 7. Aufl., New York, Kapitel 5.

Münkler, Herfried (2002): *Die neuen Kriege*. Rowohlt, Reinbek.

Negus, Steve (2015): 'ISIS: Inside the Army of Terror,' and More, in: *The New York Times – Sunday Book Review*, 01. April, online Edition: http://www.nytimes.com/2015/04/05/books/review/isis-inside-the-army-of-terror-and-more.html?_r=0 (letzter Zugriff: 08.01.2016).

Neumann, Peter R. (2015): *Die Neuen Dschihadisten – IS, Europa und die nächste Welle des Terrorismus*. Ullstein Buchverlage GmbH, Berlin.

Nußberger, Angelika (2010): *Das Völkerrecht – Geschichte, Institutionen, Perspektiven*. Bundeszentrale für politische Bildung, Bonn.

Petrakis, Gregory (1978): Problem of Definition – Guerilla, Terrorist, Political, Transnational, in: *Detective*, Vol. 6, Issue 4. National Institute of Justice, Washington D.C., S. 11–18.

Rapoport, David C. (1984): Fear and Trembling: Terrorism in Three Religious Traditions, in: *American Political Science Review*, Vol. 78, Issue 3, September 1984. The American Political Science Association, Washington D.C., S. 658–677.

Rapoport, David C. (2002): The Four Waves of Rebel Terrorism and September 11, in: *Anthropoetics*, Vol. 8, Issue 1, online: http://www.anthropoetics.ucla.edu/ap0801/terror.htm (letzter Zugriff: 30. 12.2015).

Rapoport, David C. (2004): The Four Waves of Modern Terrorism, in: Cronin, Audrey Kurth; Ludes, James M. (Hrsg.) (2004): *Attacking Terrorism: Elements of a Grand Strategy*. Georgetown University Press, Washington D.C., S. 46–73.

Schmitt, Eric; Schmidt Michael S. (2016): Omar the Chechen, a Senior Leader in ISIS, Dies after U.S. Airstrike, in: *The New York Times*, 15. März, online Edition: http://www.nytimes.com/2016/03/15/world/middleeast/omar-chechen-isis-killed-us-airstrike-syria.html?_r=1 (letzter Zugriff: 20.06.2016).

Schuppert, Gunnar Folke (2003): Die Idee des souveränen Staates, in: ders.: *Staatswissenschaft*. Nomos, Baden-Baden, S. 157–176.

Shurkin, Joel N. (2007): Terrorism and the Media, in: Bongar, Bruce et al. (Hrsg.) (2007): *Psychology of Terrorism*. Oxford University Press, New York, S. 81–86.

Simon, Steven; Benjamin, Daniel (2000): America and the New Terrorism, in: *Survival – Global Politics and Strategy*, Vol. 42, Nr 1, Frühling 2000. The International Institute for Strategic Studies, London, S. 59–75.

Simon, Steven; Benjamin, Daniel (2002): *The Age of Sacred Terror. Radical Islam's War Against America*. Random House, New York.

Steinberg, Guido (2013): Regionaler Jihad in Ostafrika, in: *SWP Aktuell*, Nr. 67. Stiftung Wissenschaft und Politik, Deutsches Institut für internationale Politik und Sicherheit, Berlin.

Stern, Jessica (2000): *The Ultimate Terrorists*. Harvard University Press, Cambridge, London.

Stern, Jessica (2004): *Terror in the Name of God – Why Religious Militants Kill*. HarperCollins, New York.

Van Creveld, Martin (1991): *On Future War*. Anova Books, London.

Vierecke, Andreas; Mayerhofer, Bernd; Kohout, Franz (2011): *dtv-Atlas Politik*. Bundeszentrale für politische Bildung, Bonn.

Waldmann, Peter (2002): *Das terroristische Kalkül und seine Erfolgsaussichten*. Velbrück Online Magazin: http://www.velbrueck-wissenschaft.de/pdfs/32.pdf(letzter Zugriff: 12.01.2016).

Waldmann, Peter (2005): *Terrorismus – Provokation der Macht*. Murmann Verlag, 2. Aufl., Hamburg.

Walker, Martin (2013): David and Goliath. Book Review on „Boot, Max (2013): Invisible Armies: An Epic History of Guerilla Warfare from Ancient Times to The Present", in: *The Wilson Quarterly*, Vol. 37, Issue 1, S. 129–134.

Whittaker, David J. (Hrsg.) (2012): *The Terrorism Reader*. Routledge, 4. Aufl., London.

Winter, Charlie (2015): *Documenting the Virtual 'Caliphate'*. Oktober 2015. Quilliam Foundation, London.

Fachliteratur zum Forschungsstand „Islamischer Staat"

Artikel und Reports

Al-'Ubaydi, Muhammad; Lahoud, Nelly; Milton, Daniel; Price, Bryan (2014): *The Group That Calls Itself a State: Understanding the Evolution and Challenges of the Islamic State*, December 2014. The Combating Terrorism Center at West Point, West Point.

Barrett, Richard (2014): *The Islamic State*, November 2014. The Soufan Group, New York.

Biene, Janusz; Schmetz, Martin (Hrsg.) (2015): *Kalifat des Terrors – Interdisziplinäre Perspektiven auf den Islamischen Staat*. Sicherheitspolitik-Blog Fokus, online-Edition, Frankfurt am Main.

Dodge, Toby (2014): Can Iraq be saved?, in: *Survival – Global Politics and Strategy*, Vol. 56, Nr 5, October-November 2014. The International Institute for Strategic Studies, London, S. 7–20.

Hashim, Ahmed S. (2014): *From Al-Qaida Affiliate to the Rise of the Islamic Caliphate: The Evolution of the Islamic State of Iraq and Syria (ISIS)*. Policy Report of the Military Studies Programme, Institute of Defence and Strategic Studies (IDSS), S. Rajaratnam School of International Studies (RSIS), Nanyang Technological University (NTU), Singapur.

Hegghammer, Thomas; Nesser, Petter (2015): Assessing the Islamic State's Commitment to Attacking the West, in: *Perspectives on Terrorism – Special Issue on the Islamic State*, Vol. IX, Issue 4, August 2015. Journal of the Terrorism Research Initiative, S. 14–30.

Hippler, Jochen (2015): Der "Islamische Staat" – Auseinandersetzungen um den Charakter von Staatlichkeit in der MENA-Region, in: Kursawe, Janet et al. (Hrsg.), *Friedensgutachten 2015*. LIT Verlag, Berlin, S. 162–174.

Khatib, Lina (2015): *The Islamic State's Strategy – Lasting and Expanding*. Carnegie Endowment for International Peace, Carnegie Middle East Center, Washington D.C., Beirut.

Mahadevan, Prem (2014): Das Neo-Kalifat des Islamischen Staates, in: Nünlist, Christian (Hrsg.), *CSS Analysen zur Sicherheitspolitik*, Nr. 166. Center for Strategic Studies, Zürich, S. 3.

Rosiny, Stephan (2014): „Des Kalifen neue Kleider": Der Islamische Staat in Irak und Syrien, in: *GIGA Focus Nahost*, Nr. 6. German Institute of Global and Area Studies, Hamburg.

Saltman,Erin Marie; Winter, Charlie (2014): *Islamic State: The Changing Face of Modern Jihadism*, November 2014. Quilliam Foundation, London.

Wood, Graeme (2015): What ISIS really wants, in: *The Altantic*, März 2015, online edition: http://www.theatlantic.com/magazine/archive/2015/03/what-isis-really-wants/384980/ (letzter Zugriff: 21.12.2015)

Bücher

Cockburn, Patrick (2015): *The Rise of Islamic State – ISIS and the New Sunni Revolution*. Verso, London, New York.

Dodge, Toby; Hokayem, Emile (Hrsg.) (2014): *Middle Eastern Security, The US Pivot and The Rise of ISIS*. The International Institute for Strategic Studies, London.

Günther, Christoph (2014): *Ein Zweiter Staat im Zweistromland? – Genese und Ideologie des Islamischen Staates Irak*. Ergon Verlag, Würzburg.

Lister, Charles R. (2015): *The Islamic State – A Brief Introduction*. The Brookings Institution, Washington D.C.

Lüders, Michael (2015): *Wer den Wind sät – Was westliche Politik im Orient anrichtet*. C.H. Beck, 7. Aufl., München.

Reuter, Christoph (2015): *Die Schwarze Macht – Der Islamische Staat und die Strategen des Terrors*. Deutsche Verlags-Anstalt, 3. Aufl., München.

Said, Behnam T. (2014): *Islamischer Staat – IS-Miliz, al-Qaida und die deutschen Brigaden*. C.H. Beck, 2. Aufl., München.

Steinberg, Guido (2015): *Kalifat des Schreckens – IS und die Bedrohung durch den islamistischen Terror*. Knaur Taschenbuch, München.

Stern, Jessica; Berger, J.M. (2015): *ISIS – The State of Terror*. HarperCollins Publishers, New York.

Todenhöfer, Jürgen (2015): *Inside IS – 10 Tage im Islamischen Staat*. Bertelsmann Verlag, 3. Aufl., München.

Weiss, Michael; Hassan, Hassan (2015): *ISIS – Inside the Army of Terror*. Regan Arts, New York.

Anhang

I. Einordnung und Bewertung der Fachliteratur

Zum Abschluss soll eine kurze Einordnung der Fachliteratur und Bewertung, welche Werke sich zur Beantwortung weiterer spezifischer Forschungsfragen eignen, erfolgen. Die hauptsächliche Frage ist hierbei, wo sich ein echter Mehrwert in der Literatur wiederfindet und welche Autoren ihre Erkenntnisse so präsentiert haben, dass man sie als verlässlich und geeignet für weitere, intensive Forschung verwenden kann. Um die inhaltlichen wie qualitativen Unterschiede in der Fachliteratur einzuordnen, soll nun – wie versprochen – kurz zu jedem Autor resümiert werden:

Bei den Artikeln positioniert sich **Richard Barrett** (2014) mit seinem umfassenden und hochwertigen Beitrag zu Organisationstruktur und Handlungsweise des IS an vorderster Front, was die Qualität und den Mehrwert betrifft. Auch wenn, beziehungsweise gerade weil, sein Beitrag von 2014 ist, sind die darin enthaltenen, detaillierten Erkenntnisse und fundierten Analysen grundlegend und essenziell für das Verständnis und die wissenschaftliche oder politikberatende Auseinandersetzung mit dem IS. Er überzeugt durch eine durchgehend klare Struktur, bewertet objektiv und vermeidet überflüssige Informationen.

Al-ʿUbaydi et al. vom Combating Terrorism Center berichten auch bereits 2014 über die Geschichte, die Handlungsformen und den aktuellen Entwicklungsstand des IS. Zudem, der Natur ihres Instituts geschuldet, stellen sie ausführlich mögliche Gegenmaßnahmen gegen den IS vor, den sie mehr als Rebellen- als als Terrorgruppe definieren. Dementsprechend müssten auch Gegenstrategien gegen Rebellen, nicht Terroristen, entwickelt werden. Sie führen in ihren Analysen viele Quellen und Belege an, die von Dritten allerdings nicht auf ihre Vertrauenswürdigkeit überprüft werden können. Dennoch zeichnen sie ein schlüssiges Gesamtbild, in dem sie den Sieg über den IS als einen schleichenden Prozess an der ideologischen, militärischen und politischen Front vorhersagen. Der Fokus des Westens müsse, so die Autoren weiter, auf den Fehlern und Schwächen des IS liegen, nicht auf seiner Brutalität oder Stärke. Ihr Beitrag, möglicherweise bald auch in aktualisierter Form, ist elementar bei der Auseinandersetzung mit möglichen Gegenmaßnahmen.

Prem Mahadevans Artikel von 2014 ist sehr kurz und an vielen Stellen wenig detailliert. Er bleibt oberflächlich in der Berichterstattung und führt generell keine Belege an. Sein Beitrag lässt sich als erster kurzer, informativer Einstieg in die Problematik, nicht aber zur weiteren wissenschaftlichen Auseinandersetzung mit dem Thema lesen.

Jochen Hippler (2015) setzt in seinem Beitrag hauptsächlich ab 2011 an, dem Beginn der Staatlichkeitskrise in der Region. Er fokussiert sich in seinem Artikel auf die inneren Probleme des IS und führt die Schwäche der Staaten der Region als Hauptgrund für den Aufstieg des IS an. Er warnt eindringlich vor einer vorschnellen Reaktion gegen den IS von außen, damit nicht weiter vermeintlich stabile Diktaturen in der Region gefördert würden. Als kurzer Überblick zum Einstieg in die Thematik ist dieser Beitrag gut geeignet.

Stephan Rosiny (2014) fällt in seinem kurzen Beitrag ein harsches Urteil über den IS. Er gibt den zu hoch gesteckten Zielen absolut keine Aussicht auf Erfolg und warnt, dass die einzige Folge des IS, nachdem dieser an seiner eigenen Hybris gescheitert ist, eine massive Erhöhung des Leides und der Verwüstung sein wird. Er empfiehlt für die gesamte Region eine multikonfessionelle Lösung im Stil des Libanon. Er führt seine Argumente detaillierter aus als Hippler, belegt dafür jedoch weniger. Als kurzer, jedoch detaillierter Überblick zum Einstieg ist Rosinys Artikel ebenso gut geeignet.

Lina Khatib analysiert in ihrem Beitrag von 2015, der zu knapp 50% auf guten und informativen, aber nicht zu überprüfenden Interviews beruht, ausführlich die Handlungsweise und die zugrundeliegende Ideologie. Sie verweist auf den vom IS selbst geschaffenen Teufelskreis der Brutalität und fordert eine Stabilisierung der Region, zu der auch lokale militärische Gegenmaßnahmen beitragen können. Diese sollten überkonfessionell sein, um die Spaltung der Region zu überwinden. Ihr Beitrag ist hilfreich beim Verständnis von Ideologie und Handlungsform.

Ahmed S. Hashim (2014) fokussiert sich in seinem Artikel auf die Entstehung und Entwicklung des IS, um die in der Region fest verwurzelten Langzeitprobleme darzustellen. Er schlussfolgert dementsprechend, dass eine militärische Lösung gegen den IS unzureichend ist, um die notwendige Stabilität in die Region zurückzubringen. Er fordert einen politischen Neu- beziehungsweise Wiederaufbau Syriens und des Iraks. Die wenigen, aber für seine Ausführungen ausreichenden Belege, lassen sich durch das

Format des Policy Reports entschuldigen. Hashim leistet einen guten Beitrag, um ein besseres Verständnis für das Umfeld und die Gesamtsituation, in die der IS eingebettet ist, zu bekommen.

Ebenso fokussiert sich **Toby Dodges** (2014) Beitrag auf die Ursachen der Entstehung und der Stärke des IS und behandelt in seinem Werk hauptsächlich die Rolle des Iraks. Er belegt detailliert und baut eine nachhaltige Drei-Säulen-Erklärung auf, um die drei Hauptfaktoren der Schwäche des Iraks zu verbildlichen. Hier liegt sein Fokus. Sein Beitrag ist ausgezeichnet, um den Zusammenhang zwischen der Schwäche des Iraks und der Stärke des IS zu verstehen, nicht jedoch um Erkenntnisse über den IS selbst zu aggregieren.

Thomas Hegghammer und Peter Nesser lieferten 2015 eine der wenigen eigenständigen Untersuchungen auf großer empirischer Datengrundlage. Sie liefern eine ausführliche Untersuchung der Gefahr vor Anschlägen im Westen und werten zudem die Bedrohungslage durch Rückkehrer auf ihrer Datengrundlage aus. Ihre Analyse ist kurz, aber prägnant und fundiert und eignet sich hervorragend als Beitrag für weitere Forschung zur Problematik, Radikalisierung, Rekrutierung und Resozialisierung.

Erin Marie Saltman und Charlie Winter lieferten mit ihrem Beitrag von 2014 eine komparative Analyse von al-Qaida und dem IS und betrachten beide durch eine historisch-ideologische Linse. Dadurch gelingt ihnen die Kontextualisierung des Phänomens IS als politischen Akteur. Auf diesem Kontext bauen sie ihre Schlussfolgerungen über mögliche, in ihren Augen hauptsächlich politische, Gegenreaktionen auf. Sie warnen davor, den IS zu lange als de facto Staat walten zu lassen und darüber hinaus auch davor, al-Qaida zu vergessen. Ein Kampf an vielen Fronten sei nötig, der wohl vorrangigste aber, die Radikalisierung junger Menschen im Westen politisch und gesellschaftlich zu verhindern. Ihr Beitrag ist ein Appell an politisches Handeln und sollte zudem, auch Dank der vielen unterschiedlichen Belege und Quellen, als wichtiger Baustein für weitere Forschung zum IS in keiner Arbeit fehlen.

Graeme Wood bot in seinem *The Atlantic*-Artikel von 2015 eine, dem Format geschuldete, teilweise sarkastische, aber gute und ausführliche Darstellung der Ideologie des IS sowie all ihrer unterschiedlichen Facetten und warnt vor einem falschen Verständnis dieser und den daraus resultierenden Fehlentscheidungen. Er folgert, dass diese Ideologie in extremer und erschreckend texttreuer Art und Weise islamisch ist, und dass das beste

Gegenmittel daher eine alternative islamische Narrative sei. Der Mangel an Belegen ist dem Format geschuldet, jedoch verweist Wood auf die vielen glaubwürdigen Interviews, die er im Vorfeld dieses Artikels geführt hat. Alles in allem ist sein Beitrag entscheidend für das Verständnis der Ideologie des IS und für weitere Forschung im Themenfeld der Ideologie. Der Beitrag weckt zudem Interesse an intensiver Forschung zu islamischen Alternativen und Gegennarrativen.

Janusz Biene und Martin Schmetz präsentierten 2015 ein Werk mit interdisziplinärem Ansatz, in dem kurze, aber prägnante und scharfsinnige Beiträge von Experten verschiedener Fachrichtungen zu Ideologie, Strategie und zur transnationalen Vernetzung des IS sowie Präventionsmöglichkeiten enthalten sind. Ihr Werk bietet eine sehr gute Grundlagenübersicht in verschiedenen Bereichen. Die vielen und guten Verweise und Belege ermöglichen es glaubhaft, unter die Oberfläche des IS zu schauen und regt durch seine vielfältigen Themenfelder zum Weiterlesen und Forschen an. Als übersichtlicher Sammelband zu verschiedenen Themenkomplexen rund um den IS, eignet es sich bestens, um einen ersten Gesamtüberblick zu bekommen und eigene Forschungsfragen zu entwickeln. Biene und Schmetz präsentieren eine Aggregation von Beiträgen, die eher einem Sammelband gleicht und somit auch den Büchern zuzuordnen wäre. Aufgrund der Verwendung der online-Edition wurde sich allerdings dagegen entschieden. Nichts desto weniger eignet sich ihr Beitrag hervorragend als Übergang zur Bewertung der Bücher.

Wie bereits bei den Artikeln soll als Erstes das Buch vorgestellt werden, dass am meisten durch Qualität und wissenschaftlichen Mehrwert überzeugen konnte. Hier ist das Werk von **Jessica Stern und J.M. Berger** aus dem Jahr 2015 am besten aufgestellt. Sie fokussieren sich in ihrer Untersuchung auf die medialen Auftritte und die Propagandamaschinerie des IS, erarbeiten die Novität der Vernetzung und der Anziehungskraft des IS und setzten diese auch in Relation zu al-Qaida. Die grundlegend objektive Auswertung des medialen Outputs des IS, erspart dem Leser zum Großteil die Eigenauswertung des brutalen Bild- und Videomaterials. Stern und Berger bieten überdies eine interdisziplinäre Beleuchtung vieler Themenkomplexe rund um den IS und untermauern ihre Analyseergebnisse stets mit einer Vielzahl stichhaltiger Belege. Ebenso basieren die Handlungsempfehlungen der Autoren auf den von ihnen erarbeiteten Ergebnissen. Sie zeigen auf, dass der Westen und die Weltgemeinschaft noch an vielen Baustellen zu arbeiten hat, um adäquate Gegenmaßnahmen gegen den IS zu entwickeln. Die detaillierten Erklärungen und Ausführungen machen dieses Werk unumgänglich und zu einem must-have für eine intensive Auseinandersetzung und wissenschaftliches Arbeiten mit der Thematik IS.

Michael Weiss und Hassan Hassan präsentieren ein Buch, welches die Entwicklungsgeschichte des IS ausführlich präsentiert. Darüber hinaus untersuchen sie die Wechselwirkungen zwischen dem syrischen Bürgerkrieg und dem IS. Sie verweisen darauf, dass der IS aufgrund seiner Brutalität eine Stärke ausstrahlt, die für Rekruten und Stämme attraktiver ist als die schwachen Staaten Irak und Syrien. Die Analyse über den gesamten Existenzzeitraum hinweg erlaubt es den Autoren nachhaltig zu zeigen, dass der IS kohärent mit seinen eigenen Regeln ist und aus eigenen Fehlern lernt. Die Autoren lassen zwar einen durchgängigen roten Faden vermissen und springen oft von Punkt zu Punkt, jedoch basiert ihr Werk insgesamt auf vielen guten Belegen, weshalb es dennoch als Überblick und Ausgangspunkt für weitere Forschung ausgezeichnet geeignet ist.

Charles R. Lister beleuchtet in seiner Einführung in das Thema von 2015 in kurzer Form die Ziele, die Vorgehensweise und den Aufbau sowie die bisherige Entwicklung des IS. Er erörtert, wie der IS ein überraschend erfolgreiches, alternatives „model for social governance" (2015: 26) entwickelt hat und wie die militärische, politische und diplomatische Stärkung lokaler gesellschaftlicher und staatlicher Akteure die neue Alternative des IS obsolet machen könnten. Ein „Who is Who" im Werk, ermöglicht die Identifizierung und Zuordnung der zum Teil verwirrend vielen Namen im IS. Die Quellenlage ist eine ausgezeichnete Mischung aus aktuellen Zeitungsberichten, Interviews und wissenschaftlichen Beiträgen und Büchern. Ein Manko des Buches ist allerdings, dass der Autor sich dazu befähigt sieht, dass weitere Vorgehen des IS vorherzusagen. Davon abgesehen ist die kurze, prägnante und stichhaltige Darstellung in diesem Buch aber eine gute Einführung und Grundlage für weitere Forschung.

Auch das Buch von Behnam T. Said von 2014 dient als guter Ein- und Überblick über die Thematik. Es ist an vielen Stellen komprimiert, wodurch der Leser beim Einlesen in das Thema nicht den Überblick verliert. Trotz guter Quellenlage ist es als Grundlage für tieferes Erforschen des IS selbst weniger geeignet. Ein großer Teil des Buches widmet sich dafür den ausländischen und vor allem deutschen Kämpfern, die sich dem IS anschließen. Der Autor fokussiert sich, im Gegensatz zu Stern und Berger nicht darauf, welcher Rekrutierungswerkzeuge sich der IS bedient, sondern vielmehr darauf, was Individuen dazu bewegt, sich dem IS anzuschließen, weshalb der Autor sich abschließend auch mit Präventionsmöglichkeiten auseinandersetzt. Für weitere Forschung in diesem Bereich ist das Buch wiederum gut geeignet.

Guido Steinberg beschäftigt sich in seinem Buch von 2015 genereller mit der Thematik Terrorismus. Propaganda, Strategie und Ideologie des IS werden dennoch angeführt und im Vergleich zu al-Qaida und globalem Terrorismus beleuchtet. Es erfolgt ein ausführlicher Überblick über die Entstehungsgeschichte und eine Einbettung dieser in den Kontext des Themenfeldes Terrorismus. Ebenso wird auch die deutsche Dschihadisten-Szene ausführlich beleuchtet. Trotz der guten Quellenlage ist dieses Buch als Aufklärung über die aktuellen Entwicklungen und Ereignisse für ein breites Publikum gedacht und sieht daher von großen Analysen ab. Da zusätzlich die meisten, den IS direkt betreffende, Informationen aus jener Literatur zitiert werden, welche parallel in dieser Arbeit untersucht wurden, konnte dieses Werk wenig neue Erkenntnisse über den IS liefern. Dennoch stellt es einen exzellenten Beitrag für die Aufklärung der Öffentlichkeit über diese Thematik dar.

Michael Lüders identifiziert in seinem Buch von 2015 die nach wie vor imperialistische Weltmachtpolitik des Westens, allen voran die der USA, als für die Miseren in der Region seit Jahrzehnten verantwortlich und fordert ein Umdenken der westlichen Politik. Dies müsse, so Lüders, bereits im öffentlichen, medialen Diskurs anfangen, in dem er das unreflektierte schwarz-weiß Denken ohne differenzierte Betrachtung und die darin enthaltene Doppelmoral anprangert. Die gesamte, zu Beginn offen angekündigte, Argumentation in seinem Buch zielt auf diese Abrechnung mit dem Westen hin, bietet aber trotzdem eine historische Einordnung des Phänomens IS. Auch Lüders hat dieses Buch für die Aufklärung einer breiten Öffentlichkeit geschrieben, wo es einen guten Beitrag leisten kann. Da es aber kaum Quellenangaben hat und substanziell nur wenig Neues bietet, ist es für wissenschaftliches Arbeiten zum IS selbst nicht wirklich geeignet.

Bei **Jürgen Todenhöfers** Reisebericht von 2015 ließ sich leider noch weniger substanziell Neues finden. Todenhöfer verdient Respekt für seine mutige

Reise in den IS, sein Buch allerdings liest sich dementsprechend mehr als Abenteuerroman mit ihm selbst in der Hauptrolle. Für die wissenschaftliche Arbeit ist dieses Buch daher komplett ungeeignet, da seine aufgeschriebenen Erfahrungen als Quellen objektiv nicht zu überprüfen sind. Dazu kommt, dass interessante Fakten über den IS gesucht werden müssen, da diese nur über das Buch verteilt auftauchen und dann meistens von IS-Kämpfern in Interviews präsentiert wurden, weshalb diese Fakten auch noch wachsam auf ihren wahren Kern hin überprüft werden müssen. Insgesamt gibt auch Todenhöfer wie Lüders dem Westen die Schuld daran, dass der IS in seiner heutigen Form entstehen konnte, ohne allerdings Lösungsvorschläge zu präsentieren. Durch die Präsentation als Abenteuerroman, ist dieses Buch für ein breites Publikum ohne Vorkenntnisse geeignet, um generell Interesse an der Thematik zu wecken.

Christoph Reuters Buch von 2015 ist definitiv ein Spezialfall. Es präsentiert eine auf den ersten Blick konträre Darstellung des IS, nicht als ideologische Terrororganisation oder Rebellenmiliz, sondern als aufgeblähter Geheimdienstapparat. Er bezeichnet es in seiner überspitzten Darstellung auch als Stasi-Kalifat, in der Kontrolle und Unterwerfung die Mittel der Wahl sind. Es ist in sich logisch und konsistent aufgebaut und die exzellente Quellenlage verleiht dem Buch Authentizität und Mehrwert für wissenschaftliches Arbeiten. Reuter zeigt auch unter Berufung auf Experten Konfliktlinien, Taktiken und die Gründe für den Aufstieg und einen möglichen Zerfall des IS auf. Wie erwähnt, zeigt sich auf den ersten Blick, insbesondere aufgrund der Zuspitzung der Argumentation, eine konträre Darstellung von Ideologie und Organisationsstruktur, welche sich aber in der gemeinsamen Auswertung mit der anderen untersuchten Fachliteratur als komplementär herausstellt. Reuters Beitrag ist daher eine wichtige Ergänzung zur Fachliteratur, die den Geheimdienstaspekt zwar oft als wichtig, aber ebenso oft nur am Rande erwähnt. Für eine wissenschaftliche Auseinandersetzung mit dem IS und eine differenzierte Betrachtung ist dieses Werk daher elementar.

Patrick Cockburn erläutert in seinem Buch von 2015 allgemein den Einfluss dschihadistischer Gruppen im Irak und in Syrien. Er führt die Hauptursache für deren Erstarken auf die konfessionellen Spannungen und deren Eskalation sowie das Scheitern der regionalen Staaten zurück. Seine Argumentation, wie die Fehler von Gegnern des IS eben diesen den Weg ebneten, bietet allerdings wenig detaillierte Erklärungen zum IS selbst, weshalb offen bleibt, warum gerade der IS als Sieger aus den Fehlern anderer hervorgehen konnte. Trotz weniger Quellen beschreibt Cockburn das Umfeld und die Entstehungsbedingungen für den IS aber detailliert, so dass sein Buch ein guter Beitrag ist, wenn man versucht die Gesamtsituation in der Region zu begreifen.

Toby Dodge und Emile Hokayem bieten mit ihrem Sammelband von 2014 einen ausführlichen Überblick über die sicherheitspolitisch relevanten Ereignisse, Vorgänge und Akteure in der Region. Die Lektüre hilft bei der Einordnung des IS und der chaotischen Situation in der Region seit den 2000er Jahren in einen größeren Rahmen regionaler Ordnungsvorstellungen. Wichtige Beiträge zum IS sind jene von Toby Dodge und Charles R. Lister, die jeweils separate, aber inhaltlich ähnliche Beiträge in dieser Arbeit haben.

Zum Abschluss soll noch dem Buch von **Christoph Günther** von 2014 Raum gegeben werden. Auch wenn es für diese Arbeit substanziell nichts Neues zum aktuellen IS beitragen konnte, so findet sich doch in seinem Werk die wohl ausführlichste Genese der Vorgängerorganisationen des IS, allen voran ISI. Um die Entstehungs- und Entwicklungsgeschichte nachzuvollziehen und zu verstehen, ist dieses Buch nicht nur sehr gut geeignet, sondern nahezu unumgänglich.

Abschließend kann festgehalten werden, dass keine pauschale Unterscheidung zwischen Artikeln und Büchern, bezogen auf Qualität und Mehrwert, möglich ist, sondern jeder Beitrag individuell eingeordnet werden musste. Diese Arbeit hatte, neben der formulierten und beantworteten Forschungsfrage, die Absicht, die aktuelle Flut an Informationen über den IS in einen geordneten Fluss zu verwandeln, zuverlässige von unzuverlässigen Informationen zu trennen und dem Leser einen klaren Einblick in das Innere des Islamischen Staates sowie eine Einordnung der dazugehörigen Literatur zu bieten. Grundsätzlich hatte jeder untersuchte Beitrag seine Berechtigung und Eignung für ein bestimmtes Publikum. Die verschiedenen Fokusse und Argumentationslinien sowie das Zusammenspiel der Informationen der verschiedenen Autoren ließen ein komplementäres, klares und zuverlässiges Gesamtbild entstehen, das ohne diese breit gefächerte, komparative Untersuchung nicht hätte entstehen können.